오늘도 덕분에 숨을 쉽니다

오늘도 덕분에 숨을 쉽니다

초 판 1쇄 2025년 05월 22일

지은이 김동미, 유키, 최은혜, 이윤지, 박민경, 신지은, 정경선, 문미영, 연송, 김소영, 이해윤
기획 김민
펴낸이 류종렬

펴낸곳 미다스북스
본부장 임종익
편집장 이다경, 김가영
디자인 임인영, 윤가희
책임진행 김은진, 이예나, 김요섭, 안채원, 장민주

등록 2001년 3월 21일 제2001-000040호
주소 서울시 마포구 양화로 133 서교타워 711호
전화 02) 322-7802~3
팩스 02) 6007-1845
블로그 http://blog.naver.com/midasbooks
전자주소 midasbooks@hanmail.net
페이스북 https://www.facebook.com/midasbooks425
인스타그램 https://www.instagram.com/midasbooks

© 김동미, 유키, 최은혜, 이윤지, 박민경, 신지은, 정경선, 문미영, 연송, 김소영, 이해윤, 김민, 미다스북스 2025, *Printed in Korea*.

ISBN 979-11-7355-237-3 03810

값 18,500원

※ 파본은 구입하신 서점에서 교환해드립니다.
※ 이 책에 실린 모든 콘텐츠는 미다스북스가 저작권자와의 계약에 따라 발행한 것이므로 인용하시거나 참고하실 경우 반드시 본사의 허락을 받으셔야 합니다.

미다스북스는 다음세대에게 필요한 지혜와 교양을 생각합니다.

오늘도 **덕분에**
숨을 쉽니다

삶을 지탱하는
열한 가지 끈

- 김동미
- 유 키
- 최은혜
- 이윤지
- 박민경
- 신지은
- 정경선
- 문미영
- 연 송
- 김소영
- 이해윤

미다스북스

프롤로그
당신을 숨 쉬게 해주는 것은 10

17. 김동미의 숲 : 나의 리틀 포레스트
35. 유키의 뜨개질 : 세월을 결어 마음을 짓다
51. 최은혜의 그림책 : 다시 그려 가는 오늘
67. 이윤지의 독서 모임 : 혼자 읽다 함께 보다
83. 박민경의 경주 : 나의 청춘, 나의 경주
101. 신지은의 필사 : 손으로 숨을 쉬다
117. 정경선의 일본어 : 도대체 얼마나 더 좋아해야 되는데요
133. 문미영의 예능 : 그래도 나를 웃게 하는 건
149. 연송의 성시경 : 그 자리에 있어 주어 고마워요
165. 김소영의 태민 : 오늘도 여전히 빛나는
183. 이해윤의 지도 : 너의 지도 우리의 여행

에필로그
그래도 숨 쉴 틈 하나쯤은 198

당신의 오늘은 안녕한가요?

당신의 숨 쉴 틈은 무엇인가요?
기쁨과 춤추는 법을 잊진 않았나요?

오늘,
당신의 삶에
쉼표 하나만
허락해 보세요.

덕질, 오롯이 나를 위한 시간
오늘을 누리며 내일을 살아낼 힘을 얻습니다.
작지만 확실한 행복의 세계로 당신을 초대합니다.

프롤로그

당신을 숨 쉬게 해주는 것은

이틀 전 공저 프로젝트에서 가장 중요한 작업을 끝냈습니다. 저자들의 이야기를 한 편의 원고로 엮어냈습니다. 구상은 몇 년 전부터, 모집은 반년 전부터, 집필은 두 달 전부터. 언제 원고가 올 줄 모르기에 군대 5분 대기조처럼 두 발 뻗고 자지 못했습니다. 그들의 삶이 담긴 귀한 이야기이기에 한 문장도 허투루 대할 수 없었습니다. 수술에 임하는 외과의가 된 기분이었고 매일 수능을 치르는 심정이었습니다. 원고를 완성한 날 모두에게 축하 인사를 건네고 출간 일정은 빠를 수도, 느릴 수도 있지만 책이 나오는 날까지 결코 멈추는 일은 없을 거라 말했습니다. 애초에 축제의 주인공은 그들이고 저는 다음을 준비해야 하니까요. 아시클로버 연고를 바르고 잠을 청했습니다. 기쁨을 누리는 것은 그들의 이름이 새겨진 책 한 권이 나오는 날로 미뤘습니다. 매일 아침부터 밤까지 문을 열고 원고를 기다리는 대신 출판사의 문을 두드려야 하지만 괜찮다고 생각했습니다. 보람만으로도 충분한 보상이라 여겼습니다. 새로운 삶을 시작할 수 있도록 돕고, 변화를 이끌어내는 일, 응원하고 용기를 주는 일. 그것이 나의 기쁨이라 생각했습니다.

  다음날 헛구역질이 나고 몸이 천근만근이었습니다. 머리가 아파 제대로 된 생각을 할 수 없을 지경이었지만 출간 제안서를 다듬고 프롤로그를 살폈습니다. 오늘은 한잔 마시자, 마시고 털어 버리자 생각했습니다. 친구 가게에 찾아갔지만 몹시 바쁘더군요. 집으로 돌아와 혼자 술을 조금 마시고 잠들었지만 아침 8시에 깼습니다. 마트에서 계란을 사서 돌아오는 길에 친구에게 점심이나 한 끼 하자는 전화를 받았습니다. 점심을 먹고 커피를 마시며 햇살 아래에서 이야기를 나눴습니다. 친구는 게임을 한번 해보면 어떻겠냐고 하더군요. 너도 삶에 즐거운 일 하나쯤은 있어야 하지 않겠냐고 했습니다. 친구와 헤어지고 미용실에 가서 커트를 했습니다. 미용사는 이번 축제에 다녀왔냐고 물었습니다. 사람 많은 곳을 좋아하지 않아서 가지 않았다고 했습니다. 자기는 오키나와에 놀러 갈 계획인데 여행을 좋아하냐고 묻더군요. 차를 타는 것을 좋아하지 않아서 자주 다니진 않는다고 답했습니다. 집으로 돌아와 계란을 삶으며 생각했습니다. 참 놀 줄 모르는 사람이구나. 반년 넘게 애쓴 일입니다. 어디 잠시 바람이라도 쐬러 가거나 맘 편히 하루 쉴 자격은 있을 텐데 말이죠. 친구가 전화하지 않았다면 오늘도 종일 집에서 책이나 보고 집안일이나 하고 있었을 테지요.

  몇 쪽이라도 책을 읽을 수 있었다면 그날의 기쁨으로 충분하다 여깁니다. 집 앞 공원 한 바퀴 돌고 와서는 즐거운 여행이라 합니다. 오늘 읽을 책이 있고 저녁에 먹을 음식이 있으면 그걸로 충분하다 여깁니다. 감사하며 사는 건 좋지만 즐거움으로 향하는 문을 잠근 채 살고 있는 건 아닐까요? 행복을 미루지 않겠다면서 기쁨을 한정하고 있지는 않았을까요? 즐겁게 살면 철이 없는 걸까요? 도대체 기쁨보다 중요한 일이 뭐가 있단 말인가요. 온 힘을 다해, 온몸을 바쳐 이뤄야 할 것이 이것 말고 또 뭐가 있단 말인가요. 죽음보다 더한 고통을 겪었던 삶이었습니다. 그래서 감사를 배웠습니다. 하지만 죽어서 얻을 수 있는 기쁨은 없습니다. 사랑도, 희망도, 설렘도, 그리움도 그저 무가 됩니다. 여행도 하고, 연애도 하고, 즐거움을 찾으며 살라고 조언하지만 정작 나는 어떻게 살고 있었을까요? 사실 언제나 그랬습니다. 사랑보다 담배를 먼저 배웠습니다. 꿈보다 술을 먼저 배웠습니다. 가난에서 벗어나기 위해 발버둥 치느라 바빴습니다. 술로 넘길 수 없는 슬픔이 있었고 담배로 날리지 못한 아픔이 있었지만 어른은 그래야만 한다며 넘겼습니다. 상한 과일부터 먼저 먹는 인간입니다. 붕어빵 꼬리부터 베어 무는 인간입니다. 매도 먼저 맞는 게 낫다고 여기는 인간입니다. 언제나 기쁨을 뒤로 미루며 살았습니다.

덕질, 무언가 혹은 누군가에 미쳐보았다는 뜻입니다. 떨림과 설렘, 오직 하나의 별만 바라본 시절이 있었다는 뜻입니다. 무언가에 미쳐본 적이 없는 것이 저의 콤플렉스입니다. 책이나 읽고 술이나 마시는 것이 고작이었습니다. '텍스트'가 유일한 덕질이었습니다. 어릴 적부터 읽기를 사랑했습니다. 아버지가 받아보던 스포츠 신문에서 나던 잉크 냄새가 좋았습니다. 오래된 책에서 나던 종이 냄새가 좋았습니다. 무언가를 읽고 있어야만 안심이 되었습니다. 무언가를 읽고 있는 동안에는 자유로워지는 기분이었습니다. 동네 어른들은 이놈 커서 대단한 사람이 될 것 같다고 했지만, 그저 책에 미친 독서가가 되었을 뿐입니다.

덕질, 그보다 확실한 행복이 있을까요? 『고질라와 헤엄치다』에서 장애와 질병을 이겨낸 이들의 승리의 역사를 담아냈다면, 이번에는 빛나던 시절을 이야기하고 싶었습니다. 유난히 반짝이던 날들의 기록, 저 너머에 남겨두고 온 이름들. 어쩌면 그 시절을 이야기로 엮어내며 나도 새로운 기쁨을 찾을 수 있지 않을까? 작은 기대도 있었습니다. 생에 가장 찬란했던 시절, 한 편의 영화 같은 이야기들. 무엇이라도 좋겠지요. 배우나 가수, 취미나 공부, 운동이나 게임, 클래식이나 그림, 음식이나 수집. '이게 덕질!'이라 말할 키워드부터 '이것도 덕질?' 이냐며 고개를 갸웃거릴 이야기까지. 그가 빠져 있는 그 사람, 그가 미쳐 있었던 그 시절, 그를 숨 쉬게 하는 틈을 엿보고 싶었습니다. 여기, 무언가에 미쳐 보았던, 누군가에게 빠져 있는 사람들이 모였습니다. 낭만이라 부르면 어떻고 사랑이라 말하면 어떤가요. 마음을 줄 무언가만 있어도 성공한 인생이 아닐까요. 마음을 다한 순간이 있었다는 것만으로도 행복한 삶이 아닐까요. 우리의 이야기를 통해, 잠시 잊고 살았지만 결코 잃어버린 적 없는 당신의 반짝임을 되찾길 바랍니다.

당신의 숨 쉴 틈을 응원하며, 기획작가 김민

#숲

김동미의 숲
: 나의 리틀 포레스트

김동미

전북 익산 용동면 시골에서 유년기를 보냈고
충남 논산 강경읍 시골에서 사춘기를 보냈다.
빌딩 숲에서 소프트웨어 개발자로 일하던 어느 날
이상한 회오리바람에 휘말렸는데,
눈 떠보니 아이 둘의 엄마가 되어 있었다.
비록 마음의 고향으로 돌아가진 못했지만
아이들과 놀던 숲에서 새로운 일터를 찾았다.
매일 회색 시멘트 길을 지나 숲으로 출근해
사람들이 숲을 온전히 느낄 수 있도록 돕는다.
멀지 않을 오늘, 누구든 찾아와 쉴 수 있는
소복소복 숲을 운영하는 꿈을 꾼다.

○

나의
리틀 포레스트

나는 오늘도 숲으로 출근한다

초봄이다. 첫 수업 날은 여전히 긴장된다. 1시간 일찍 나와 숲을 거닐며 마음을 다진다. 봄날 아침의 숲 공기는 싸늘할 만큼 맑다. 하얀 입김을 내뿜으며 임도를 따라 오른다. 새들은 한창 분주한 시간이다. 커다란 참나무를 오르내리며 먹이를 사냥 중인 동고비가 보이고 타타타닥 벌레 잡는 딱따구리 소리가 들린다. 오목눈이들은 작은 나무 사이를 무리 지어 날아다닌다. 비탈진 양지에는 벌써 초록 잎 사이로 꽃대가 올랐다. 새소리를 들으며 홀로 숲을 걸으면 마음이 차분해진다. 어느새 살포시 웃고 있다. 평온하다. 나 역시 새들처럼 숲속 생명 중 하나가 된다. 숲으로 출근한 덕분에 온전히 숲의 일원이 될 기회를 얻는다. 아침의 황홀한 숲을 매일 만날 수 있다는 것은 축복이고 행운이다.

숲을 사랑한다. 물리적 공간으로서의 숲만이 아니라, 그 안에서 엉켜 살아가는 자연 공동체, 생태계에 관심이 많다. 도시의 숲, 학교의 숲, 궁궐의 숲, 뒷산의 숲, 쫄쫄 흐르는 동네 하천, 동네 구석 자투리땅의 풀숲, 작은 놀이터, 공원, 자연물과 생명들이 있는 모든 곳이 내가 사랑하는 '숲'이다. 내가 살았던 동네마다 집 근처에 뒷동산 하나쯤은 있었고 작은 구릉마다 아이들의 놀이터였다. 사람들은 언덕과 구릉을 깎아 아파트를 세우지만 다시 그곳에 공원을 만든다. 비록 인지하지 못할지라도 우리 주위에는 인위적이든 자연적이든 나무와 풀이 늘 존재하고, 그곳을 터전으로 살아가는 작은 생명체들로 가득하다. 우리는 그들과 함께 살아가고 있다. 잠깐만 걸음을 멈추고 둘러보면, 길가 나무들 사이에 얼마나 많은 거미줄이 숨어 있는지, 땅 위로 얼마나 많은 개미가 다니고 있는지 발견하고 놀라게 될 것이다. 저마다 독특한 모습으로 꽃과 잎을 달고 있는 작은 풀들도 빼놓을 수 없다.

내가 숲을 사랑하는 까닭은

난 금수저다. 무슨 말이냐고? 숲에서 일하는 사람들은 고향이 시골인 사람을 생태 금수저라고 부른다. 고향에서 흙 파고, 풀 뜯어 먹고, 냇가에서 고기 잡고, 산으로 들로 온종일 놀러 다니던 유년기를 가졌다면 최고의 금수저다. '나의 살던 고향은~' 한 소절만 들어도 떠오르는 나의 고향. 마을 어귀 커다란 정자나무에 올라가 놀던 기억, 논둑 옆 작은 개울에서 고무신으로 송사리를 잡다가 거머리에게 물려 후다닥 뛰쳐나왔던 기억, 모내기한 논마다 가득하던 개구리밥, 동그랗게 말아 우산 만들던 바랭이, 질겅질겅

간식으로 씹던 삘기, 까마중 열매 먹고, 미국자리공 열매 손톱에 칠하고, 참게 잡는다고 논둑에 뚫려 있는 작은 구멍을 찾아다녔다. 마당에서 땅강아지와 지렁이를 잡다 보면 종종 작은 뱀이 내 앞을 지나가 화들짝 놀라곤 했다.

길가와 뒷산에 널린 것이 아까시나무였다. 바람이 불 때마다 온 동네에 향기가 진동했다. 친구들과 꽃을 따서 꿀을 빨아 먹었다. 여러 개 달린 잎은 한 잎씩 날려 떼기 놀이를 하고, 남은 잎자루로 머리카락을 돌돌 말아 파마를 했다. 줄기의 뾰족한 가시를 톡 비틀어 떼서는 침을 살짝 발라서 코끝이나 이마에 붙이고 놀았다. 봄비가 내리면 집 앞길은 떨어진 감꽃으로 온통 노란색이었다. 노란 감꽃을 주워서 풀잎이나 명주실에 끼워 반지와 팔찌는 물론 목걸이와 화관까지 만들었다. 나에게 자연은 그저 즐겁고 신나고, 익숙한 공간이었다.

도심 한가운데 빌딩 숲에서 일하는 동안 숲을 잊고 살았다. 엄마가 된 후의 생활은 혼돈 그 자체였다. 하루하루 시간은 더디게만 흘렀다. 아이들에게 맞추느라 나의 리듬을 잃었다. 잠시라도 틈이 날 때마다 그 사이로 허무함과 우울함이 비집고 들어왔다. 그날도 멍하니 화장실에 앉아 있는데 창문 너머 은행나무가 보였다. 말라죽은 줄 알았던 가지에 여린 초록 잎이 매달려 있었다. '아! 그래도 시간은 흐르고 있었구나.' 퍼뜩 생각이 들었다. 조금씩 커져 가는 초록을 보며 오늘을 버텼다. 큰애가 5살 되던 해 봄부터 숲 유치원을 시작했다.

본격적인 수업 시작 전에 부모들을 대상으로 오리엔테이션이 있었다. 숲의 나무들은 온통 앙상한데 거짓말처럼 작은 꽃이 보였다. 다가가 살펴보니 아주 작은 꽃망울이 노란 꽃다발처럼 모여 있었다. 가지를 살짝 긁어 냄새를 맡아 보니 약한 생강 냄새가 났다. 생강나무였다. 선생님은 봄이 오는 것을 알리는 꽃이라 했다. 둘러보니 여기저기 노란 꽃들이 피어 있었다. 아이들이 뛰어놀 숲을 산책하고 나자, 선생님이 향긋한 차를 내어 주셨다. 찻잔에 하늘과 구름을 담아 보았다. 내 손길을 따라 찻잔 속 하늘이 일렁였다. 비로소 마음이 편안하고 숨이 트이는 기분이었다. 살 것 같았다.

매주 수요일마다 수리산으로 향했다. 비록 가는 길은 힘들었지만 숲에 들어가는 순간 우리는 웃을 수 있었다. 아이와 내가 편히 숨을 쉴 수 있는 시간이었다. 아이들도 숲에 가면 마음이 편안해지고 기분이 좋아진다고 했다. 계속 숲에 다니고 싶다고 했다. 5년간 거의 매주 빠지지 않고 숲으로 갔다. 둘째가 유치원에 들어가게 된 후에는 첫째 아이가 다니던 초등학교 학부모 생태 동아리에 들어갔다. 아이들과 학교 숲과 근처 산에서 생태 수업을 진행하고, 오감으로 숲을 느낄 수 있게 돕는 일을 했다. 아이들도 부모들도 만족도가 높았다. 나의 일상에도 기쁨과 보람이 깃들었다. 8년 동안 생태 관련 동아리와 마을 공동체 활동을 했다. 나의 경험을 전문적인 직업으로 확장하고 싶어졌다. 나는 숲 해설가가 되었다.

숲이 내게 가르쳐 준 것들

생강나무꽃이 피고, 산벚나무 꽃잎이 떨어져 날리는 봄이다. 고개를 들면 작은 종 모양의 때죽나무 흰 꽃이 보인다. 바람에 흔들릴 때마다 아래로 향기를 쏟아붓는다. 3월의 숲속은 물웅덩이마다 알이다. 여기도 알, 저기도 알. 2월부터 시작된 짝짓기 결과물이다. 우리가 개구리 하면 떠올리는 초록색 개구리는 인가 근처 논이나 연못에 살던 청개구리다. 산에 사는 개구리 종류를 산개구리라고 부른다. 주로 바위나 나뭇잎 아래 숨어 있다. 낙엽색이라 움직이지 않으면 눈에 띄지 않는다. 일급수 지표종인 도롱뇽도 2월부터 짝짓기를 해서 길쭉한 소시지 모양의 알을 낳는다. 개구리 올챙이는 바닥의 낙엽 부유물 따위를 먹고 도롱뇽 올챙이는 살아 있는 먹이를 먹는다. 덩치로 보면 산개구리가 크지만, 다들 시작은 비슷하니 도롱뇽은 개구리알 옆에 자기 알을 낳는다.

4월이면 여름 철새가 오기 시작한다. 지빠귀류는 한번 들으면 잊지 못할 소리가 많다. 부지런쟁이 되지빠귀는 은쟁반에 옥구슬 굴러가는 소리로 노래한다. 이른 아침 숲에서 되지빠귀 소리를 들으면 힐링이 절로 된다. 호랑지빠귀 소리는 '전설의 고향'에서 소쩍새 소리와 함께 으스스한 밤 분위기를 만들어내던 소리다. 새소리는 Song과 Call로 나뉘는데, Song은 짝짓기 때 내는 소리로 예쁘고, 특색이 강해서 그 새를 대표하는 소리가 된다. Call은 집단에서 의사소통을 할 때 내는 소리다. 봄 숲에서 들리는 예쁜 새소리들은 대부분 짝짓기를 위한 세레나데다. 딱따구리에게는 '드러밍'이란 방법이 하나 더 있는데 나무를 큰 소리로 쪼아대는 행동이다. 딱따구리는 늘 큰 소리를 내며 나무를 쪼지 않는다. 집을 짓거나 먹이를 잡을 때는 딱 필요한 만큼의 힘을 정확하게 한 곳에 집중해 쪼아 댄다. 멀리서도 들릴 만큼 '탁탁탁탁~ 두두두두~' 소리를 낸다면 영역을 표시하며 '나 여기 있어요.'를 외치는 거다.

봄이 짙어진 이른 아침 멀리서 꽥꽥하는 소리가 들린다. 여름 철새인 파랑새가 날고 있다. 동화에 나오는 작은 예쁜 파랑새가 아니다. 덩치는 까치보다 조금 크고, 멀리서 보면 온통 까만색인데 햇빛을 받으면 깃털이 진한 청록색으로 반짝인다. 늦게 와서 시간이 부족하기에 둥지를 짓지 않고 다른 새의 둥지를 빼앗아 새끼를 키운다. 이번에는 근처 소나무의 까치집이 목표인가 보다. 아침마다 둥지 주변을 날며 까치와 싸우고 있다. 집 근처에 참새가 있다면 숲 언저리에는 딱새가 있다. 사람들 근처까지 날아다니고 개체 수가 많아 숲에서는 그저 흔한 새 취급이다.

딱새는 긴 꼬리를 까딱까딱 움직이면서 딱딱 소리를 내서 딱새다. 수컷의 구애 소리는 정말 천상의 노래다. 노래가 잠잠해질 무렵 목공실 옆에 둥지를 만드는 딱새 부부를 발견했다. 부리로 연신 작은 가지를 물어 나르더니 아기 새가 부화하자 애벌레를 부지런히 물어 나른다. 어느 날인가 딱새 수컷이 먹이를 입에 물고 둥지에서 조금 떨어진 나뭇가지에 앉아 있었다. 먹이를 흔들고 이상한 소리도 내면서 이리저리 옮겨 다닌다. 아기 새의 이소가 시작된 모양이다. 새끼가 자라서 좁은 둥지를 떠나는 것을 '이소'라고 한다. 먹이로 꾀고 야단도 치면서 아기 새들이 밖으로 나오도록 유도하고 있었다. 딱새 부부의 육추를 보면서 그 정성에 박수를 보내며 응원했다.

5월의 숲에 바람이 불면 타다닥 하고 잎 위에 무언가 떨어지는 소리가 들린다. 애벌레 똥 떨어지는 소리다. 키 큰 나무 위까지 언제 올라갔는지 나뭇잎이 흔들릴 때마다 똥비가 내린다. 숲을 산책하다 보면 거미줄처럼 가느다란 줄에 매달려 눈앞에 아른거리는 애벌레도 만날 수 있다. 애벌레는 위협을 느끼면 입에서 줄을 내고 아래쪽으로 도망친다. 애벌레가 나타나는 시기에 새들도 알을 낳고 새끼를 키운다. 열매를 먹는 새들도 새끼는 건강하고 빠르게 키우기 위해 육식으로 먹인다. 애벌레가 많이 나타나는 시기에 얼른 잡아다 먹여서 새끼를 독립시켜야 하니 필사적이다. 시력 좋고 민첩한 새들은 하루에도 수십 마리씩 잡아다 먹이고 애벌레들은 온갖 방법으로 숨고 도망친다. 작은 나뭇가지 모양으로 꼼짝 않고 숨어 있는 가지나방 애벌레, 작고 가늘지만 엄청난 속도로 한 뼘 두 뼘 기어서 숨는 자나방 애벌레, 멀리서 보면 나무껍질로 보이는 종류도 있고 대부분이 보호색을 띠는데 유독 당당한 애벌레들도 있다. 새가 날건 말건 잎 위에서 느릿느릿 식사를 하고 있는 친구는 반달누에나방 애벌레다. 온몸이 까맣고 가늘고 긴 촉수처럼 보이는 털로 감싸고 있기에 새들도 얼씬하지 않는다.

모자와 옷 속으로 땀이 시냇물처럼 흘러내리는 한여름이다. 비 온 후 숲에 들어서면 어디선가 시큼 달달한 냄새가 휙 스친다. 참나무 수액이다. 큰 참나무의 갈라진 수피 사이로 수액이 하얀 거품을 내면서 흘러내리고 있다. 숲 마을 주민들이 모두 모였다. 온갖 딱정벌레들, 민달팽이, 나비, 벌, 무시무시한 장수말벌도 모여 머리를 맞대고 식사 중이다. 수액이 흥건하게 흐르는 식당에서는 장수말벌도 다른 곤충에게 관심이 없다. 작은 곤충도 장수말벌이 있거나 말거나 편하게 식사 중이다. 역시 풍족하면 마음이 여유로워지는가 보다. 이때는 평소에는 찾기 힘든 장수풍뎅이, 오색나비, 여러 사슴벌레, 풍뎅이류, 반날개 등의 곤충들을 가까이서 관찰할 수 있다. 하지만, 수액이 줄어들면 분위기는 험악해진다. 장수말벌이 다른 곤충들을 공격해서 쫓아내고 식당을 독점한다. 장수말벌끼리도 덩치로 경쟁한다. 위협적으로 날아다니는 녀석들은 사람들에게 공포의 대상이 된다. 더 모이기 전에 식당 주변의 장수말벌을 처치한다. 미안하지만 아이들이 오기에 어쩔 수 없다.

가을 숲은 거미의 계절이다. 봄부터 있는 거미지만, 7~10회의 허물을 벗는 거미들은 여름부터 시기별로 어른 거미가 된다. 가장 흔히 보이는 무당거미는 9월쯤 어른이 된다. 가을이 깊어지면 거미그물이 눈에 띄게 많아진다. 거미의 크기와 모양이 다양하듯이 그물 모양도 여러 가지다. 숨어 있으면 마치 거미줄에 솔잎이 걸린 것처럼 보이는 꼬리거미. X자 모양 흰 띠를 만드는 꼬마호랑거미, 거미줄에 먼지와 쓰레기를 붙여서 숨어 있는 먼지거미도 있다. 산왕거미들은 얼룩얼룩한 알집을 나무줄기에 붙여 두었고, 무당거미의 그물은 짝짓기 시기가 되면 황금색으로 반짝인다.

숲은 고요하지만 소란스럽다. 눈 내린 겨울에도 앙상한 초봄에도 숲은 생명의 열기로 가득하다. 인간의 관점이 아닌 생명의 관점으로 숲을 보는 법을 배웠다. 꽃은 인간을 위해 피지 않는다. 새들은 사람을 위해 노래하지 않는다. 나무는 곤충과 곰팡이를 동료로 삼아 자신을 지킨다. 곤충들은 어른이 되면 목숨 걸고 짝짓기에 전념하다 일을 마치면 기운이 다해 죽는다. 숲의 모든 생명은 각자의 자리에서 자기 목적을 위해서 딱 필요한 만큼만 살다 간다. 그들 사이에 불쑥 끼어든 나는 숲의 불청객이다. 방문자이기에 행동이 조심스러워졌다. 올챙이를 비롯한 수서 생물들이 살고 있음을 알기에 계곡에 있는 돌멩이 하나도 조심스럽게 들추게 된다. 애벌레가 번성하는 시기에는 땅바닥을 살피면서 걷는다. 짝짓기 중인 곤충들은 살포시 사람들 손이 닿지 않는 곳에 놓아주고, 도토리거위벌레가 알을 낳은 참나무 가지는 밟히지 않게 길에서 멀리 치워 둔다. 낙엽을 치울 때도 그 아래 곤충과 개미집이 있는지 살핀다.

  나는 숲에서 생명의 귀함을 배웠다. 물론 호기심에 자세히 살펴보려다 작은 생명을 해칠 때도 있다. 사람들에게 숲을 전하려다 오히려 숲을 망가트릴 때도 있다. 그럴 때마다 진정 중요한 것이 무엇인지 고민한다. 숲에서의 시간이 쌓일수록 환경에 대해 깊이 생각하게 된다. 가급적이면 인위적인 것을 가져가지 않으려 애쓴다. 되도록 쓰레기를 만들지 않으려 한다. 숲을 있는 그대로 전할 수 있는 방법이 무엇인지, 이곳에서 내가 할 수 있는 일들이 무엇인지 생각한다.

숲을 지키는 나무의 나이테처럼

지난 11월, 숲에 한 그루뿐이던 황벽나무가 무거운 습설에 부러졌다. 두꺼운 코르크가 발달한 황벽나무는 껍질 안쪽 색이 독특한데, 멀리서도 선명하게 빛나는 짙은 노란색이다. 잘려진 황벽나무 줄기를 보면 진한 갈색의 나이테가 보인다. 나무는 풀과 다르게 몸통이 굵어지는 부피 생장을 하는데, 이 작업을 형성층이 맡는다. 형성층이 생장한 결과가 나이테로 나타난다. 나이테는 계절별 온도 차이가 있는 환경에서 생긴다. 1년 내내 덥고 습해서 시도 때도 없이 쑥쑥 자라는 열대림의 나무에는 나이테가 없다. 나무줄기의 형성층은 바깥쪽으로 새로운 세포를 만들며 자란다. 온도가 높은 계절에는 세포 생장이 활발해서 그 간격이 넓다. 온도가 낮아지는 가을이 되면 속도가 느려져 간격이 촘촘해진다. 1년을 주기로 성장이 빠른 부분은 밝은색으로, 느려져 촘촘한 부분은 어두운색으로 보이기를 반복한다. 진하고 어두운 부분을 우리는 나이테 한 줄로 본다. 같은 나무, 같은 지역이라도 나무가 뿌리 내린 곳의 지형 차이로 나이테 모양이 달라질 수 있다. 옆자리는 평평한 곳인데, 내 자리는 살짝 경사가 지거나 돌 하나가 박혀 있다면 생존 방향이 달라질 수밖에 없다.

나무는 씨앗으로 떨어진 그 자리를 탓하지 않고 덤덤하고 치열하게 살아낼 뿐이다. 그렇게 적응해 살아남으려 애쓴 나무의 성장 일기가 나이테로 남는다. 수년간 내가 어떤 일을 할 수 있을지 몰라 이리저리 헤매고 다녔다. 어른이 즐겁고 신나는 일을 쫓는 것은 무책임하고, 즐거운 것은 취미지 일이 아니라고 들었다. 일은 어렵지만 참고 하는 것이고 그게 인생이란 말을 믿었다. 그래서 이곳저곳을 기웃거렸다. 이리저리 흔들리고 제멋대로 나부꼈다. 타인에게 인정받기 위한 일을 하다 내 안이 말라가기도 했다. 그런 중에도 간간이 숲을 바라보면 행복했다. 길가의 나무와 그 곁에 있는 작은 곤충, 작은 생명의 세계를 발견하면 그저 좋았고 웃을 수 있었다. 결국 나를 웃게 하는 일을 하기로 결정했다. 그저 생각만 해도 좋은 숲에서 일하면서 나는 성덕이 됐다. 봄에서 가을까지 숲에서 신나게 일하고, 겨울이면 성장을 위해 공부하며 숨 고르기를 하다가, 다시 봄이 오면 숲으로 가기를 반복하는 나의 일은 나무의 나이테를 닮았다. 숲에서 만나는 모든 것들이 내 안에 흔적을 남기고, 한 줄, 한 줄 내 안에 나이테로 쌓인다. 그렇게 성장하다 보면 언젠가 겹겹의 나이테를 가진 큰 나무가 될 것이다. 여름날 수액으로 숲의 생명을 불러 모아 잔치를 하는 참나무처럼, 크고 곧게 자라서 많은 열매를 주는 잣나무처럼, 지나가는 사람들 누구나 쉬어갈 수 있는 마을 정자의 느티나무처럼, 여러 생명이 와글와글 가득한 커다란 나무로 성장하고 싶다.

   나는 숲 친구들을 다시 만날 설렘과 숲에서 만나게 될 사람들에 대한 기대감으로 겨울을 난다. 기나긴 겨울밤이 지루해지면 지난해 만났던 사람들을 떠올린다. 점차 숲에 익숙해지며 밝아지던 아이들의 얼굴과 작은 생명을 소중히 다루던 손길을 떠올린다. 환한 웃음을 지으며 내려오던 어른들의 가벼운 발걸음을 떠올린다. 올해도 숲을 찾아온 사람들이 각자의 보물을 찾아서 집으로 돌아갈 수 있도록 도와주리라. 과연 어떤 만남이 나를 기다리고 있을까? 나는 기쁜 마음으로 봄을 기다린다. 복잡하고 꽉 막힌 도로를 지나 한적한 숲으로 들어설 그날을 기다린다. 절로 웃음이 난다.

덕질부록

숲 해설가는?

자연휴양림, 수목원, 도시 숲 등에서 사람들에게 숲속의 다양한 생물이 살아가는 이야기, 나무나 식물에 대한 지식, 숲에 얽힌 역사, 숲과 인간과의 관계 등을 해설하고 다양한 체험 활동과 연계해 준다. 단순한 설명을 넘어 자연의 가치를 알리고 숲을 누리는 방법을 전하는 역할을 한다.

숲과 인간의 역사

7백만 년에 이르는 인류의 역사, 인간은 그 대부분의 시간을 숲에서 수렵과 채취를 하며 살았다. 숲에서 나와 생활하기 시작한 것은 불과 1만 년에 불과하다. 숲은 먹이를 구할 수 있는 최적의 장소였으며 포식자와 악천후에서 스스로를 보호할 수 있는 공간이었다. 우리가 숲에서 편안함을 느끼는 까닭이 거기 있지 않을까?

: 나의 리틀 포레스트

숲의 효능

숲에 가면 긴장이 풀리고 심신이 편안해진다. 인공적인 환경 탓에 둔감해졌던 감각 기관이 활성화되어 집중력이 높아진다. 면역력이 높아지고 스트레스에 저항하는 힘이 커진다. 숲의 치유 효과는 피톤치드와 음이온 덕분이다. 피톤치드는 식물이 자외선을 막고, 곤충과 박테리아의 성장을 억제하기 위해 내뿜는 물질로, 인간에게는 면역력을 높이고 건강을 돕는 역할을 한다. 음이온은 긴장과 스트레스를 풀어준다. 숲의 음이온은 도시의 14~73배에 이른다. 특히 계곡이나 폭포 등 물 분자가 격렬하게 운동하는 곳에 많다.

숲은 인지 발달, 치매 예방, 우울증과 아토피 치료에도 도움이 된다. 숲에 가까이 사는 청소년은 또래보다 인지 발달 점수가 높으며 정서 및 행동 문제를 겪을 위험성이 낮다. 숲 활동은 치매를 예방하고 스트레스 관련 질환을 치유하는 효과가 있으며, 녹지 공간 방문이 우울증, 불면증, 천식, 고혈압 관련 약물 사용을 줄이는 데 도움을 준다는 연구 결과가 있다. 국립산림과학원에 따르면 숲을 방문한 사람의 삶의 만족도가 그렇지 않은 사람보다 높다.

숲을 즐기는 방법

숲은 도시숲부터 깊은 산림의 치유의 숲까지 다양하다.
산림청 사이트에서 여러 숲과 산림복지서비스 정보를 확인할 수 있다.

1) 도시숲 : '산림정책 > e-산림정책도서관 > 전자책 > 아름다운 도시 숲 50선' 확인
2) 수목원 : 운영 주체에 따라 국립, 공립, 사립, 학교 수목원으로 구분하고, 70개소 운영 중
3) 치유의숲 : '숲e랑' 사이트에서 예약 가능. 산림치유지도사가 프로그램을 운영

4) 숲체원 : '숲e랑' 사이트에서 정보를 확인하고 숙박 및 프로그램 예약 가능
5) 자연휴양림과 숲길 예약 : '숲나들e'
6) 유아숲체험원 : 유아의 정서를 함양하고 전인적 성장을 할 수 있도록 지도·교육하는 시설로 전국에 약 500개소가 운영 중
7) 산림교육센터 : 국민의 창의성과 정서를 함양하고 산림에 대한 가치관을 증진시킬 목적으로 지정·조성된 시설. 센터별로 이용 예약 가능

#뜨개질

유키의 뜨개질
: 세월을 결여 마음을 짓다

유키

부산에서 음식점을 운영하며
남편, 강아지 둘, 고양이 다섯, 거북이 한 쌍까지
열 명의 식구와 함께 오순도순 살고 있다.
평일 오후 2시까지 일을 하고 돌아오면 집에서 주로 시간을 보낸다.
평일 저녁 6시에는 라디오로 '배철수의 음악캠프'를 듣는다.
천주교 신자로 매주 화요일이면 레지오 활동을 하고
매월 둘째 주 토요일에는 독서 모임에 나가고 한 달에 한 번은 산에 오른다.
혼자 생각하는 시간을 갖기 위해 TV를 보지 않고 소셜 미디어도 하지 않는다.
아날로그 인간이라 컴퓨터 대신 공책을 펴고 펜으로 글을 쓴다.
수시로 뜨개질 가게에 드나들며 수다 떨기를 즐긴다.

○

세월을 결여
마음을 짓다

그때 즈음 나는 마음의 병에 걸려 있었다. 상태가 좋지 않아서 집에서 쉬게 되었는데 하루에도 수십 번씩 부정적인 생각이 퐁퐁 샘솟았고 일어나지도 않은, 일어나지도 않을 일이 끊임없이 떠올라 괴로울 때였다. 좋은 취미를 가져 보면 어떠냐는 조언을 듣고 고민 끝에 뜨개질을 해보기로 마음먹었다. 손을 움직이는 동안에는 딴생각을 하지 않기 마련이고 무언가 집중하는 일이 있으면 시간도 빨리 흘러갈 거라 생각했다. 아울러 본래 끈기가 없고 인내심이 부족한 사람인데 뜨개질로 이런 단점을 고칠 수 있을 거라는 기대도 있었다. 10년 전 여름날 오후의 한가함을 틈타 국제 시장으로 향했다. 여기저기 상점들을 둘러보며 실 가게를 찾아다녔다. 아주 오래전이지만 실을 사면 무료로 옷을 뜨는 법을 가르쳐 주는 가게가 있었던 것을 기억해낸 까닭이었다. 몇 군데를 들어가 보았다. 가장 커 보이는 가게에 들렀는데 그곳은 레슨비가 따로 든다고 해서 나왔고, 사람들이 앉아 있지 않은 가게는 그냥 지나쳤다. 사람들이 가장 많이 앉아 있는 가게로 들어갔다. 사장은 젊은데 지긋이 나이 든 분들이 모여 있는 곳이었다. "여기서 실을 사면 뜨개질 가르쳐 주나요?" 무료 수강이 가능하단다. "스웨터를 뜰 건데요. 어떤 실이 있나요?" "저쪽에서 보세요." 사뭇 퉁명스러운 말투에 살짝 눈치가 보였지만 다시 물었다. "여기 있는 실밖에 없나요?" "네." 나는 두꺼운 순모 실을 골랐고 두 줄을 겹쳐 뜰 수 있도록 배색을 했다. 오래 걸리는 뜨개옷을 조금이라도 빨리 뜰 수 있게 부피를 늘리자는 심산이었다. 예전에 뜨개질을 처음 해봤을 때는 너무 얇은 실을 골라 지겨워서 결국 완성하지 못했던 경험이 있는 터였다.

뜨개질을 해보았는지 묻기에 "예전에 조금 떠 본 적이 있어요." 하고 대답했다. 사장님이 코를 잡아 주고 가르쳐 주니 곧잘 따라 할 수 있었다. 사장님은 스웨터를 뜨는 모습을 보더니 "하긴 해보신 분이네요."라고 했다. 처음 하는 사람은 옷을 뜰 수 없기 때문이었다. 나중에 들은 말인데 가게에 있던 사람들은 '한여름에 와서 겨울 실을 찾는 희한한 아이네…. 더운데 저걸 끌어안고 어째 뜨려고 저러는지.'라며 이상하게 여겼다고 했다. 그때의 나는 여름에는 여름 실로 뜨게 한다는 것조차 몰랐다. 어쩐지 이상하게 겨울 제품이 몇 가지 없더라니. 그저 나는 속도가 느리니까 '지금쯤 뜨면 겨울에 선물할 수 있겠지?' 하는 맘이었는데, 뜨개방에서는 계절이 바뀌면 물건을 정리하고 다시 세팅한다는 것이었다. 그때 내 모습이 사람들에게 어떻게 보였을지 생각하면 웃음만 난다.

정성 들여 만든 무언가를 제일 처음 선물할 사람으로 대부분 '엄마'를 떠올리지 않을까. 나도 다르지 않았다. 중학교 가정 과목의 바느질 숙제를 대신 해주던 엄마 모습이 생각났다. 험하고 위험한 일은 물론 자잘한 품이 들어가는 어떤 일도 시키지 않고 곱게 키워 준 엄마. 어릴 적 잘난 것이 없는 딸을 최고로 잘난 사람으로 대해주고 자신은 묵묵히 그림자가 되어 준 엄마였다. 나는 엄마를 위해 보라색 스웨터를 뜨기 시작했다. 뜨개옷을 만들 때는 등판을 먼저 뜨는데 굉장히 지루한 작업이었다. 대부분의 초심자들이 이 부분에서 손을 놓아 버린다. 한 코를 빠뜨리거나 잘못 뜨게 되면 다시 풀어서 새로 시작해야 하기에 초보자는 온 신경을 집중할 수밖에 없고 틀린 부분을 고치기 위해 선생님의 손길이 많이 필요했다. 그래서 처음 할 때는 '집에서 여유롭게 놀며 떠야지.'가 되지 않으니 이왕이면 뜨개방에 가서 뜨기를 권한다. 특히나 등판처럼 시간이 오래 걸리는 작업은, 같은 것을 하는 사람들이 모인 곳에서 그냥 흘러가는 대로 아무 생각 없이 뜨다 보면 완성이 된다. 그곳은 뜨개질하는 곳이니까, 일단 가기만 하면 하게 된다.

매일 갈 곳이 있다는 것에 활력을 얻었다. 정해진 목표가 있고 눈에 보이는 결과물이 있으니 의욕도 생겼다. 좌충우돌하며 찬찬히 과정을 생각할 겨를도 없이, 가르쳐 주는 대로 따라 하다 보니 어느새 옷 한 벌이 완성되었다. 예쁘지는 않지만 처음 만든 옷이니 정성으로 생각해 달라며 엄마에게 선물했다. 딸이 손수 만든 옷이라며 어찌나 신기해하고 좋아하시던지. 지금은 몸이 여위셔서 무거운 탓에 입지 못하시지만 여전히 소중히 걸어놓고 계신다. 아빠는 곁에서 묵묵히 지켜보셨지만 다음 차례가 당신일 것을 기대하셨다. 당연히 나는 아빠 옷을 떴다. 베이지색 목 티셔츠였다. 오래전에 기성복 가게에서 사드린 양모 목 티셔츠를 해어질 때까지 입고 계셔서 신경이 쓰이던 참이었다. 아빠는 본래 뜨개질 옷을 좋아하셨다. 십수 년이 된 뜨개질 조끼를 너무 따뜻하고 좋다며 가지고 계실 정도였으니까. 옷 한 벌을 완성하고 실 가게에서 책거리하듯이 옷거리를 했다. 기념으로 치킨을 시켜 먹었는데 함께여서 더욱 맛있었다. 매일 다니다 보니 사람들과도 자연스레 유연한 관계가 맺어졌다.

뜨개방에선 거의 막내였기에 말 한마디 안 하고 주로 듣고 인사만 했지만, 소속감이 생기기 시작했다. 아빠 옷을 뜰 때는 선생님이 바쁘시면 틀린 부분을 다른 분이 고쳐 주시기도 하고 가르쳐 주시기도 했다. 품앗이하듯이 돌아가며 나를 신경 써주셨다. 겨울이라 그런지 뜨개방은 사람들로 늘 가득 차 있었다. 옹기종기 모여 앉아 사는 얘기들을 하셨는데, 그때쯤부터는 뜨개에 집중하느라 정신없던 마음에 여유가 생겨 귀를 열어 들었다. 이런저런 얘기 속에서 한바탕 웃기도 하며 뜨개질을 하고 있노라면 나도 모르게 지루한 구간의 뜨개질이 완성되어 있곤 했다. 늙고 쇠약해지셨지만 여전히 딸의 경호원을 자처하는 아빠. 딸이 만들어 준 옷을 입고 무척 뿌듯해하셨다. 가볍고 따뜻하다며 겨우내 입고 다니셨다. 아빠가 좋아하시는 모습을 보고 있노라니 어둡던 마음도 밝아지는 듯했다. 다음엔 뭘 뜰까? 긍정적인 생각과 설레는 마음이 일상에 깃들기 시작했다.

다음으로 뜬 옷의 주인은 '토성동 어무이'로 불리는 뜨개방의 최고령자

할머니였다. 붉은색을 기본으로 삼고 여러 색의 실을 섞어 점퍼를 떴다. 낯설어하고 어색해하는 나에게 언제나 "어, 왔나?"라며 인사를 건네주시고 먼저 아는 척을 해주시고 주전부리도 건네주시며 친근하게 대해주신 분이셨다. 나는 이분에게 외할머니의 정을 느꼈다. 늘 인자하시고 다정하게 나를 바라봐 주시던 부드러운 말투의 외할머니. 또 한편으로는 제일 연장자이신 토성동 어머니가 나를 그렇게 대해주심으로써 다른 누구도 나에게 모나게 굴지 못했다. 그때까지도 말은 거의 하지 않았지만, 이분한테만은 '어머니, 어머니.' 하며 잘 따랐다. 내 눈에 보이진 않았지만, 나름대로 뜨개방의 질서가 있었던 모양이다. 어디를 가나 별난 사람과 미운 사람은 있기 마련이니 텃세 없는 곳이 없는데 당신께서 나의 보호막이 되어 주셨다. 실력이 모자라 화려하거나 정교한 무늬를 넣어 뜰 수는 없었지만, 마음을 담아 최선을 다해 선물해 드렸는데, 늘 남들한테 떠주기만 하다가 받아 보니 너무 좋다고 하셨다. "네 솜씨를 아는데 고생했다." 하시며 기뻐해 주셔서 흡족했다. 누군가에게 바라는 것 없이 베푸는 기쁨을 그때 알았다. 진정으로 삶을 풍요롭게 만드는 중요한 감정이었다.

계절이 한 바퀴 돌아 어느새 다시 여름이 코앞이었다. 이번에는 뜨개방에서 겨울 실을 치우기 전에 미리 실을 사 두었다. 그러고는 여름내 뜨겠다고 했다. 사람들은 더워서 어째 뜨려 하냐고 말렸다. 여름에는 주로 코바늘로 뜨개질을 하는데 나는 코바늘로 뜰 줄도 모르고 꼭 떠서 가을에 완성할 옷이 있다고 고집을 부렸다. 장마를 지나고 무더위를 견디며 여름내 품고 뜬 옷은 남편에게 줄 선물이었다. 이때부터 조금씩 어려운 무늬 뜨는 법을 배웠고 옷을 짓는 대략의 과정이 눈에 들어오기 시작했었다. 목적에 맞게 실을 고르는 법도 배웠다. 남편의 카디건은 일본산 실로 지었는데 매우 가볍고 뜨기가 좋아서 진도가 빨리 나갔다. 남편은 늘 내 편이 되어 주는 사람이다. 인내심이 깊어서 좀처럼 화를 내지 않는 남편은 내가 병을 앓게 되니 보다 세심하게 신경 써주고 돌봐주었다. 힘들게 자기 옷은 뜨지 않아도 된다고 했지만 어찌 그럴 수 있을까. 무늬가 들어가니 뜨개질이 더 재밌어졌다. 정말 신바람 나게 떴고 결과물도 굉장히 좋았다. 사람마다 잘 떴다고 칭찬을 했다. 남편 옷을 뜨면서 단춧구멍 내는 법도 알게 되었다. 직접 국제 시장에 있는 단추 가게에 가서 옷에 여러 단추를 대어 보며 잘 어울리는 것을 골라 달았고, 실 가게와 거래하는 세탁소에 가서 무늬가 잘 나오도록 옷도 다렸다. 나는 이 옷을 가을에 있는 남편 생일날 입혀 주었다. 부드러운 인상에 옷태가 잘 나는 남편이라 참 잘 어울렸다.

우리는 함께 장사하는데 가게에서 시어머니도 같이 일했다. 남편에게 떠 준 옷을 두 눈으로 똑똑히 보셨는데 어찌 안 떠드릴 수가 있겠는가! "어떻게 떠드릴까요?" 여쭸더니 모자 달린 점퍼가 좋겠다고 하셨다. 시어머니는 여성스러운 걸 좋아하시기에 핑크색 보카실을 골랐다. 그런데 어찌 된 영문인지 잘 떠지지 않았다. 계속 틀리기 일쑤였다. 풀었다가 뜨기를 반복하며 초반부터 영 속도가 나지 않았다. 끙끙대는 모습을 보고 뜨개방 사람들이 물었다. "그거 대체 누구 옷인데 그리 애를 먹이냐?" 시어머니 거라고 답하자 사람들은 꿀 먹은 벙어리가 됐다. 그들 대부분이 누군가의 시어머니였다. 속설이긴 한데 뜨개를 할 때는 그 옷의 주인을 닮는다고 한다. 뜨개방의 사람들은 모두 알고 있는 얘기였다. 가게에서 매일 얼굴을 보고 사는데 어찌 좋은 일만 있으랴. 시집살이 아닌 시집살이를 하며 눈치 보고 속상한 일도 많았다. 뜨개질까지 말썽이라니…. 역시 시어머니와 며느리는 어쩔 수 없나 보다. 하! 하! 하! 그래도 시어머니 옷을 뜨며 새로운 경험을 할 수 있었다. 모자 뜨는 법을 배웠고 모자가 등판만큼 뜨는 데 오래 걸린다는 사실도 알게 되었다. 잘 안 떠지는데 양이 많으니 인내심도 끈기도 무척 필요했다. 그래도 이때까지 자식 없다고 타박 한 번 하지 않고 가게에서 밥도 차려 주시는 마음을 생각하며 감사한 마음으로 끝까지 떴다. 안감을 넣어 달라 하셔서 옷 수선 가게에 맡겨 완성했다. 털실 옷의 특징이 조금 부해 보이는 건데 골격이 커서 그런지 자주 입으시진 않으셨지만 그래도 기뻐하시는 눈치였다. 언젠가 모자도 하나 떠줄 수 있냐고 넌지시 말씀하기도 하셨다. 시어머니 것을 뜨고 곧바로 시아버지 스웨터도 한 벌 떴다. 아버님은 동네 상인들에게 며느리가 떠줬다고 자랑하시고 수박색 색깔이 마음에 든다며 좋아하셨다. 단지, 앞뒤가 구분이 없다 하셨다. 맞다, 내가 봐도 앞뒤가 없었다. 뜨다 보면 완성하고도 이런 실수를 하기 마련이다.

뜨개방에 자주 다니면서 사람들이랑 아주 친해졌다. 우리는 함께 밥도 먹으러 다니고 차를 마시며 수다를 떨기도 했다. 나이 차이가 훌쩍 났지만 걸림돌이 되지 않았다. 점차 소극적인 성격에서 외향적인 성격으로 바뀌고 있었다. 예전 같으면 일부러 피할 단체 생활을 오히려 즐기고 있었다. 남편은 집에만 있는 내게 '사람은 사람과 더불어 살아야 한다.'고 누누이 말하곤 했는데 그제야 까닭을 조금 알 것 같았다. 얼굴에 생기가 돌았고 옷을 완성할 때마다 성취감을 느끼니 매일이 재밌어졌다. 아이가 없어 공통 분모를 가지지 못해 또래들과 단절되어 외롭던 마음도 어느새 채워지고 있었다. 나 자신을 위해 옷을 몇 벌 뜨기도 하고 소소하게 목도리를 떠서 사람들에게 나눠 주기도 했다.

가족들과 나를 위한 뜨개질이 끝나자 나는 내 인생에서 소중한 사람들을 떠올렸다. 제일 먼저 생각이 난 건 유현 언니였다. 20대 때 만나 여태껏 세월의 모퉁이마다 함께한 사이였다. 누구라도 그런 사람이 있을 것이다. 오랜만에 만나도 전혀 이질감이 없이 편안한 사람. 일일이 설명하지 않아도 괜찮은, 변명하지 않아도 되는 오래된 친구 같은 사이 말이다. 유현 언니가 내게 그런 존재였다. 멋스러운 언니를 위해 화이트 톤의 카디건을 떴다. 무늬도 난도를 높였고 길이도 긴, 지금까지 떴던 뜨개옷 가운데 가장 대작이었다. 이런 옷을 뜰 때는 마음을 찬찬히 먹고 조금씩 꾸준히 떠야 한다. 실을 엮어 가며 언니와 지금까지 엮어 온 지난 시간을 생각했다. 젊음을 함께하였고, 함께 중년이 되었으니, 앞으로도 함께 나이 들어가겠지? 친정어머니가 돌아가신 지 얼마 되지 않아 많이 허전했을 언니에게 조금의 온기라도 전해 주고 싶은 내 마음도 전달되기를 빌었다. 성격이 급한 내게는 결코 풀지 못할 숙제 같았지만 그래서 완성했을 때의 기쁨은 곱절이었다. 택배로 옷을 보냈더니 언니는 조그만 둘째 딸에게 옷을 입혀 사진을 찍어 보내 주었다. 아이의 발치까지 내려온 카디건이 우리가 함께한 세월 같았다.

　나의 멘토, 대모님도 빼놓을 수 없다. 달빛처럼 은은하게 나를 밝혀 주는 분이시다. 이분을 보면서 봉사활동에 임하는 마음과 자세를 배웠다. 누구라도 손사래 칠 불편한 일과 허드렛일을 누구보다 먼저 나서서 정성스러운 마음으로 임하시는 분이다. 수고했다는 인사 한마디 바라지 않으시고 묵묵히 봉사하셨다. 사람의 잘잘못을 따지지 않는 분이셨고 거슬리는 일이 생겨도 부드러운 미소로 넘기시는 분이셨다. 눈에 보이는 핑계로 회피하는 사람에게도 포용력을 보여 주는 이해심 많은 성격이었고 외향적이면서도 자기 자신의 중심을 잘 잡고 사셨다. 남들에게 흔들리는 모습 한번 보이지 않는 것이 마치 한자리에서 온갖 재해를 견디는 나무처럼 올곧은 모습이었다. 그리고 그 모든 것이 기도로 가능했다며 겸허히 손을 모으는 분이셨다. 나도 대모님처럼 나이 들고 싶었다. 자주 연락을 하진 않지만, 대모님이 늘 기도 중에 나를 기억하시고 빌어 주신다는 것을 안다. 수도자처럼 삶을 사시는 대모님께는 검은색이 어울린다고 생각했다. 나를 위해 기도해 주시는 그분께 감사를 담아 카디건을 떠드렸다.

　불과 작년의 일이다. 대모님의 친구인 영화 언니가 대장암 진단을 받았다. 영화 언니는 젊은 나이부터 장사를 하며 모든 걸 희생하며 사신 분이신데 유독 나를 기특하게 보아 주고 잘 챙겨 주셨다. 언니가 항암에 들어갔다는 소식을 듣자마자 뜨개방으로 달려가 순모 실을 골라 모자를 떴다. 다가 올 겨울쯤이면 항암이 진행되어 필요할 것 같았다. 언니는 많이 아팠을 텐데도 만날 때마다 병에 지지 않겠다는 강한 의지를 드러냈다. 고통이 닥쳐도 자신이 그 고통이 될 필요는 없다는 것을 배웠다고 했다. 새해에 만난 영화 언니는 내가 떠준 장밋빛 모자를 쓰고 있었다. 소식을 듣자마자 실 가게로 달려가 모자 실을 샀다고 하자 "참 너답다."며 웃었다. 탈모가 많이 진행된 언니를 보며 얇은 실로 모자를 하나 더 떠야겠다고 다짐했다. 한 땀 한 땀 기도하듯 모자를 뜨면 언니도 분명 건강이 회복되리라.

다음은 내 친구 은애 차례였다. 나는 학교를 1년 일찍 들어가서 동갑내기 친구가 없었는데 성당의 한 봉사 모임에서 은애를 만났다. 집이 같은 방향이라서 함께 걸으며 여러 얘기를 하게 되었고 동갑이라는 반가움에 낯가림도 없이 금방 절친한 사이가 되었다. 은애는 눈앞의 상황에 집중하느라 매사에 덤벙거린다. 하지만 언제나 긍정적이고 밝아서 자꾸 찾아가고 싶게 만드는 매력이 있다. 사람을 대할 때에도 진지하고 성의가 느껴지는 친구다. 지금은 같은 레지오에서 활동하며 함께 주식 투자 공부도 한다. 나는 마음이 헛헛할 때면 이 친구에게 투정을 부리곤 하는데 지금껏 한 번도 'No.'라고 말한 적이 없다. 우리는 사람을 배경으로 판단하는 요즘 세상의 풍조 따위 아랑곳하지 않고 서로의 속 얘기를 스스럼없이 주고받는다. 다른 가족들을 챙기느라 정작 자신을 위해 쓸 시간이 턱없이 모자란 은애에게 나는 핸드 워머를 짜주었다.

좋은 취미는 좋은 친구만큼이나 의미가 있다. 시간을 들여서 노력하고 즐기다가 마침내 생활이 되어 버린 뜨개질은, 나에게는 없어서는 안 될 친구다. 지금도 나는 특별한 일정이 없으면 하루에 두 시간 정도는 뜨개질을 하며 보낸다. 아무 잡념 없이 뜨개에 몰두하다 보면 답답한 마음도 정리되고 나쁜 감정의 소용돌이에서도 빠져나오게 된다. 아직도 뜰 것이 남았냐고? 그렇게 뜨고도 매번 하고 싶은 뜨개질 거리가 생긴다. 게다가 코바늘 뜨기는 아직 초보 수준이라 배울 것도 많이 남아 있다. 앞으로 10년은 너끈히 시간을 보낼 만큼 말이다. 그리고 뜨개방! 그곳은 나에게 마음의 고향이다. 언제라도 가면 반겨 주는 사람이 있고 가지 않아도 뭐라고 하는 사람이 없다. 나를 마음 편하게 해주는 곳이고 늘 제자리에서 기다려 주는 곳이다. 뜨개질을 통해 함께할 소중한 인연들을 얻었고 마음을 차분히 하는 방법과 끈기 있게 매달리는 근성도 배웠다. 요즘도 나는 어떤 일정으로 인해 기다리는 시간이 많을 때면 뜨개질 거리를 들고 간다. 지루하고 맥없이 무료해지는 그 시간에 뜨개질을 하면 시간을 보내는 것이 훨씬 수월해지고 불안과 불평도 사라진다. 나는 뜨개질을 통해 다시 세상 밖으로 나온 기분이다. 뜨개질해서 선물한 기억들을 하나씩 들여다보면 거기에 내 인생이 있고 사람이 있다. 앞으로도 나는 뜨개질과 함께 즐겁게 늙어갈 것이다!

덕질부록

뜨개질

1. 개요

실과 바늘, 가위 등을 이용해 스웨터, 모자, 장갑, 양말, 목도리, 인형 등 뜨개(편물, 수편물)를 결어서 만드는 일. 뜨개질로 만들어진 뜨개옷은 직물과 비교하면 신축성 및 통기성이 좋지만, 실 한 가닥을 줄줄 엮어서 천 모양을 만드는 방식이기에 일부분이라도 손상되면 복구가 까다롭다.

2. 방법

대바늘뜨기, 코바늘뜨기, 아프간뜨기 등의 손뜨개 방법과 편물기를 이용하는 기계 뜨기 방법이 있다.

* 대바늘뜨기

길쭉한 바늘 한 쌍으로 하는 대바늘뜨기의 코 종류는 기본적으로 겉뜨기, 안뜨기로 이 두 가지를 활용하여 메리야스뜨기, 고무뜨기, 가터뜨기, 방울뜨기, 교차뜨기 등의 편물 모양이 나오게 된다. 또한, 코를 의도적으로 비우는 방식으로 레이스 편물을 뜨기도 하며, 이들 방식을 응용하여 천의 형태와 각종 무늬를 만들 수 있다. 북유럽의 뜨개질 역사는 유구하며 가는 대바늘로 만든 레이스 작품이 유명하다. 특히 영국 북부의 해안 지대인 셰틀랜드에서 주로 직조되는 셰틀랜드 레이스가 매우 유명하다.

* 코바늘뜨기

사슬뜨기, 짧은뜨기, 긴뜨기, 걸어뜨기 등의 기본 방식으로 뜨개질을 한다. 실에 실을 감아서 실기둥을 만드는 방식이다. 신축성이 없지만, 모양이 잘 유지되고 견고해서 실내 장식 소품 또는 생활용품을 만들 때 활용한다. 특히 섬세한 장식과 레이스, 구멍, 복잡한 모양과 형태를 뜨는 데 유리하며 곡선과 직선 형태 모두 단단하게 자유자재로 뜰 수 있다.

3. 도구

각각의 용도와 실의 굵기에 따라 대바늘, 줄바늘, 코바늘, 레이스바늘, 아프간바늘, 돗바늘 등의 다양한 뜨개질바늘을 사용한다.

4. 뜨개실

굵기에 따라 극세사, 세사, 준세사, 중사, 준태사, 태사, 극태사로 구분된다. 면실, 아크릴실, 울실, 날개실, 마실, 종이실, 패브릭실, 부클실, 혼방실, 트위드실, 벨벳실, 인조퍼실 등이 있다.

#그림책

최은혜의 그림책
: 다시 그려 가는 오늘

최은혜

아동학을 전공하고
장애 통합 교사 및 국공립 어린이집 교사로 일했다.
홀트아동복지회 전문 강사이며
우녹스 코리아 원데이 클래스에서
베이킹을 가르치고 있다.
그림책을 사랑해
방과 후 아동 미술 지도사, 동화 구연
그림책 심리 상담 등의 자격증을 땄다.
매일 밤 아이에게 그림책을 읽어 주는 시간이
가장 큰 기쁨이다.
언젠가 빵 냄새와 책 내음이 어우러진
공간을 운영하는 꿈을 꾸고 있다.

o
다시 그려 가는
오늘

그림책으로 지은 집

"이렇게 그림책이 많은 집은 처음 봐요." 아이가 여럿 있는 집도 이 정도는 아니었다며 이삿짐센터 직원은 혀를 내두른다. 그도 그럴 것이 이삿짐의 절반 이상이 그림책이니까. 거실에 놓은 커다란 책장 세 개로도 모자라 안방 회전식 책장까지 가득 채운 그림책들. 작은 방에 쌓아 둔 그림책에 아직 포장조차 뜯지 못한 그림책들까지. 내가 생각해도 많긴 참 많다. 언제부터였을까 내 삶을 그림책으로 채우게 된 것은? 어릴 적 도서관은 지루하고 재미없는 곳이었다. 책을 펼쳐도 끝까지 읽지 못했다. 시간 때우기 용으로 대충 글씨만 보다가 덮었던 기억만 있다. 책을 가까이해야 하는 중요성은 알았지만 실천하지 못했다. 아이를 낳고부터 책과 친해졌고 책을 찾게 됐다. 이제라도 책을 가까이에 두는 삶을 살고 있으니 다행이다. 내 아이에게는 어릴 때부터 도서관의 즐거움을 알려주려 한다. 도서관에 가서 책을 찾는 방법, 책을 빌리는 방법, 책을 고르는 방법. 추운 날이나 더운 날이나 도서관을 찾는다. 비가 오면 우비를 챙겨 입고 장화를 신고 도서관에 간다. 동네 도서관은 집에서 꽤 멀지만 일단 가서 구경이라도 시켜 주려 한다. 주말이면 도서관에 발도장이라도 찍고 오고자 한다.

책은 싫어했지만 아이들은 좋아했다. 자연스럽게 아동 교육과 복지에 관련된 전공을 선택하고 직업을 결정했다. 학부 때 아동학과 보육학을 공부하며 설렘은 더해갔다. 실습을 나갔을 때, 힘듦도 물론 있었지만 현장에서 아이들과 마주하는 시간들은 기쁨으로 가득했다. 졸업 후 발도르프 전문 기관 어린이집에 취직했다. 발도르프 교육은 독일계 오스트리아 학자인 루돌프 슈타이너가 창시한 교육 이론으로 1919년 독일 슈투트가르트에 자유 발도르프 학교를 창설한 것이 시초다. 인지학에 바탕을 둔 발도르프 교육학은 '때'에 맞는 적절한 교육이 온전히 진행되어야 다음 단계를 밟을 수 있다고 본다. 특히 7세까지는 아이들의 에너지를 지식 습득이 아닌 신체 활동에 사용해야 한다고 생각하기에 영어와 같은 지식 교육이 아닌 직접 체험해 보며 몸을 쓰는 법을 익히는 놀이 활동이 주를 이룬다.

발도르프 기관은 발도르프 교구들과 교사들이 만든 천연 재료만을 사용했다. 천연 밀랍을 녹여 만지며 '온기'를 느껴 보게 만드는 식으로, 자연물로 만든 장난감을 통해 신체적 감각을 충분히 자극하는 활동들이 주를 이뤘다. 물론 일반 장난감도 있지만 솔방울, 도토리, 나무 막대 같은 자연물로 하는 놀이를 추구했다. 자연 친화적인 야외 활동, 나이별로 발달 단계에 맞추어 진행되는 교육, 다도 시간, 자연 친화적 교구와 장난감으로 아이들의 상상력과 창의력을 키웠다. 예술 활동도 교육의 큰 부분을 차지했다. 음악, 미술, 연극 등도 체험 위주의 수업으로 진행됐다. 교사는 지도하기보다 놀이하는 아이들 곁에서 관찰을 했다. 곧바로 개입하지 않고 관찰하는 것의 중요성, 기다려 주는 것의 의미에 대해 배우는 시간이었다. '조금 더 빨리, 그리고 보다 많이'를 강요하는 시대에 아이들이 한 번쯤 숨을 고르게 만들고, 삶에 행복을 가져다주는 것은 무엇인지, 아이들을 위한 교육이 무엇인지 고민하기 시작한 것도 이때부터였다.

내 아이에게 읽어 주는 그림책

19년 봄, 아이가 태어났다. 완벽한 딸이 없듯 완벽한 엄마도 없다. 엄마 역시 아이와 같이 성장하는 서툴며 미숙한 존재다. 일 년하고도 다섯 달 동안 모유 수유를 했다. 첫 이유식부터 완료기까지 하나하나 내 손으로 직접 만들어 줬다. 이유식을 만드는 과정은 내 아이를 알아가는 과정이기도 했다. 알레르기 반응이나 입맛을 알아가며 엄마의 마음을 전하는 시간이었다. 낮에는 함께 산책하고 그림책을 읽어 줬다. 오감 놀이는 식재료를 이용한 촉감 놀이를 주로 해줬다. 엄마가 주방에서 요리할 때 아이는 궁금한 게 많다. 자연스럽게 아이와 대화가 이뤄진다. "안 돼.", "조금 있다가.", "금방 차려 줄게."라고 말하는 대신 "만져 볼래?", "맛은 어때?", "이건 어떤 느낌이야?", "이건 무슨 냄새야?"라고 질문하며 대화를 유도했다. 주물럭주물럭 손으로도 만져 보고 발로도 밟아 보며 재료들과 친숙해지고 요리하는 엄마 곁에서 아이도 함께 놀이하는 장면이 펼쳐졌다.

　인위적인 장면 연출은 서로가 힘들고 금방 지치기 마련이다. 몬테소리 교육을 추구하는 이유이기도 했다. 자유롭고 독립적이고 책임감 있게 자라기를 바랐다. 집안 곳곳을 탐색할 수 있도록 아이 눈높이에 맞춰 환경을 미리 준비해 놓았다. 그 안에서 아이가 손으로 만지고 느끼며 갇힌 생각(예를 들면 소리 나는 장난감 등)이 아닌 열린 생각을 펼쳐 나갈 수 있도록 노력했다. 지루하고 혹독한 육아 기간도 있었지만 엄마의 세계가 커질수록, 성장하는 엄마의 모습이 아이에게도 좋은 영향을 미치리라 믿었다. 독서와 공부, 기록을 멈추지 않았다. 하루하루 쌓일수록 단단해질 거라 믿었다. 어지간한 직장인보다 열심히 살며 자기 관리와 자기 계발에 힘썼다. 읽고 쓰는 루틴을 만들어 시간을 채웠다. 엄마가 포기하지 않으면 절대 실패할 수 없는 일이라 믿었다.

　가르치는 아이들에게 읽어 주던 그림책과 내 배에 직접 품었다가 낳은 아이에게 읽어 주는 그림책은 의미가 전혀 달랐다. '책에 물든 아이는 무얼 해도 다시 책으로 돌아온다.'는 문장을 진심으로 믿는다. 수고로움이 있더라도 아이와 함께 즐겁게 읽고 느끼고 맛보며 온몸으로 책과 함께하는 시간을 갖고자 애썼다. 그림책을 함께 보는 것은 아이와 감정적인 유대감을 형성하는 데에도 도움이 되었다. 그때『엄마의 손뽀뽀』란 그림책을 만났다. 사랑하는 사람과 보이지 않는 끈으로 연결되어 있어서, 잠시 떨어져 있더라도 사실은 늘 함께 있다는 메시지를 담고 있었다. 그림책의 작가는 일을 하면서 혼자 아들을 키우는 싱글맘이었다. 엄마와 떨어질 때마다 울음을 터뜨리던 아들 때문에 마음이 아팠던 작가는 아들에게 "엄마와 너는 보이지 않는 끈으로 언제나 연결되어 있단다."라고 말해 주었다고 했다.

아이와 처음 떨어지는 순간은 누구에게나 어려운 거 아니겠냐며, 아이가 잘 해낼 거라고 믿어 주려 애쓰던 어린이집과 유치원 적응기가 자연스레 떠올랐다. 엄마와의 애착이 불안정하거나 기질적으로 불안도가 높은 아이들은 새로운 환경에서 엄마와 떨어지는 것이 많이 힘들 수 있다. 아이도 나도 많은 위로와 공감을 받았다. 아이를 믿고 기다리는 만큼 좋은 엄마가 될 수 있다는 깨달음과 아이에게는 시공간을 초월하는 엄마의 사랑을 느끼게 하는 그림책이었다. 일상에서 그림책을 매개체로 삼아 이야기의 끈을 삼고 우리만의 재미를 찾으려 애썼다. 용기를 불어넣어 주고 엄마의 사랑과 온기로 채워 주고 싶었다. 엄마의 시간은 그림책과 계절 속에서 켜켜이 쌓여 갔다. 봄, 여름, 가을, 겨울 그 모든 계절을 통과하면서 나는 생명을 심고, 기르고, 돌보고, 기다리며 엄마가 되었다. 한 사람의 사랑을 받던 존재에서 누군가를 사랑하는 존재로 거듭났다.

싱글맘의 그림책

30개월의 짧은 결혼 생활이었다. 그나마 떨어져 있던 시간까지 포함하면 한참 모자랄 것이다. 이혼 과정에서 겪어야만 했던 괴로움은 경험해 보지 않은 사람은 짐작조차 하지 못할 것이다. 행복한 가정을 꿈꿨지만 실패

했다. 자의인지 타의에 의한 선택인지는 중요하지 않았다. 비록 나쁜 결정이 아니었다 하더라도 아이에게 안전한 가정의 울타리를 주지 못했다는 미안함, 후회, 죄책감, 무력감, 패배감, 두려움, 슬픔…. 하루에도 수없이 아픈 감정들과 마주했다. 아이를 어린이집에 등원시키고 나면 몸에서 생기가 빠져나가는 기분이었다. 집안일을 하다가도 나도 모르게 눈물을 흘리곤 했다. 공허함과 그 감정의 실체를 직면하는 것이 두려웠다. 내 마음과 대면하고, 쏟아 내고 나를 가만히 들여다보는 시간을 주지 못했다. 애초에 서툰 사람이기도 했고 이혼 절차를 밟을 때는 크고 작은 일들로 긴장의 연속이었다. 그저 어서 마무리되기를 바라는 마음뿐이었다. 그럴수록 더 바쁘게, 생산적으로 하루를 보내고자 했다.

    나와 아이의 미래를 위해 열심히 바쁘게 지냈다. 아이를 8시 30분에 어린이집에 등원시키고 나면 곧바로 제과 제빵 요리 학원으로 향했다. 아이를 재우고 나와 집안일을 처리하고 제과, 제빵 기능사 필기시험을 준비했다. 학부 전공과는 전혀 다른 공부, 낯선 이론이라 너무나 어려웠다. 처음 접해 보는 단어들이 많아 다음 장으로 넘어가는 데 시간이 걸렸다. 그날 정해 놓은 범위까지 공부를 마치고 새벽에야 잠자리에 누웠다. 제과 기능사 시험을 먼저 봤다. 컴퓨터로 문제를 풀면 그 자리에서 바로 합격 여부를 알 수 있었다. '합격'이라는 단어를 마주했을 때의 성취감이란! 새로 시작할 수 있다는 응원의 메시지 같았다. 시험장에서 나와 핸드폰을 켜자마자 부모님께 전화를 걸었다. 무뚝뚝한 아빠는 "봐, 너 붙을 줄 알았는데. 뭘 그리 긴

장해. 아빠 바쁘니 끊는다."라고 하셨고 엄마는 "우리 딸 한다고 하면 하잖아. 잘했네. 잘했어."라고 축하해 주셨다. 제빵 필기시험도 연이어 합격했다. 학원에 다니며 실기를 준비했다. 그날 배운 것들을 아이와 함께하며 아이에게 촉감 놀이의 추억을 남겨 주었다. 3개월 과정의 학원 과정을 따라가며 제빵 기능사와 제과 기능사 자격증을 취득했다. 실기를 준비하면서 바리스타 학원에도 등록했다. 몬테소리 스터디, 자격증 공부, 책 모임을 하며 빈틈없이 일상을 채우려 했다.

  매일을 묵묵히 살아냈다. 하루하루가 혹독하고, 어디에도 답이 보이지 않았지만 도망치지 않고 온몸으로 부딪쳤다. 아이도 엄마도 두려웠지만 그림책이 우리 곁에 있었다. 그림책은 아이와 나를 사랑으로 이어 주는 연결 고리가 되어 주었다. 고독하고 힘겨웠던 날에도 잠자리에서 동화책을 읽으며 아이와 함께 가슴을 맞대고 포옹했다. 서로를 안온히 감싸안은 상태에서 읽는 그 시간들이 이어져 가장 크고 찬란한 열매로 영글어 감을 느꼈다. 오늘은 아이가 어떤 그림책을 골라 올까? 오늘은 어떤 이야기를 발견해낼까? 따뜻한 이야기? 귀여운 이야기? 신나는 이야기? 매번 보물찾기하듯이 책을 골라 오는 아이 덕분에 기쁨을 느꼈다. 아이가 골라 온 그림책을 함께 읽으며 아이의 감정을 이해하고 아이의 마음을 헤아렸다. 아이와 동시에 감동을 받거나 서로가 인상 깊었던 내용을 나눌 때면 하루의 모든 힘겨움이 녹아내리는 듯했다. 함께 나눈 감동적인 이야기는 아이와의 따뜻한 추억으로 이어졌다. 때론 힘듦도 있지만 엄마의 일상을 멈추고 아이에게 책을 읽어 주었던 시간들이, 또 아이가 책 읽기를 숙제가 아닌 즐거움으로 받아들이도록 조급해지는 마음을 눌렀던 그 순간들이 모여 아이를 단단하게 키워 줄 거라고 믿었다.

'남들과 비교하지 않고 내 아이를 중심에 두는 것' 그림책은 줏대 없이 흔들리는 마음도 붙잡아 주었다. 올바른 교육관, 가치관으로 뚝심 있게 육아할 수 있도록 안내해 주었다. 아이가 자랄수록 나도 자랐다. 아이가 건네는 책으로 하루를 마무리하며 다정한 말을 주고받을 때 비로소 평온함을 느꼈다. 그림책이 우리의 시공간을 채울 때 비록 내가 아이를 키우고 있지만 나 역시 나를 키우고 있다는 것을 깨닫게 되는 순간이 있었다. 엄마라는 두 글자가 귀하고 고마워졌다. 우리의 다정함이, 따뜻함이, 너와 나의 사계절 속에 담겨 있는 모든 시간이, 다시 그 시절로 돌아간다 해도 같은 선택을 하고 아이의 엄마로 살아낼 다짐을 하게 만들었다. 그림책은 나에게 새로운 길을 보여 주었다. '나다움'을 느끼는 시간, 우리의 시간을 기록으로 남기고 싶었다. '자몽맘북'이란 이름으로 인스타그램을 시작한 것이 이 무렵이었다.

제과 제빵 자격증을 취득하고 홀트아동복지회 소속 베이킹 강사로 원데이 클래스를 진행할 기회를 얻었다. 무언가를 나누고 알려줄 수 있음에 보람과 기쁨을 느꼈다. 2년 후에는 일반 강사에서 전문 강사로 승급했다. 승급식에서 우녹스 코리아 지사장님께서 잠시 대화를 하자고 하셨다. 홀트아동복지회에서 내가 수업하는 모습을 눈여겨보셨다고 했다. 함께 일해 보면 어떻겠냐고 하셨다. 보다 체계적이고 전문적으로 배울 기회가 될 것 같앉다. 세컨드 셰프로 주 2회 베이킹 클래스를 진행하기로 했다. 인천에 살고 있기에 전철을 네 번이나 갈아타야 한다. 출근은 9시지만 20분 전에 도착하려면 새벽 5시에 일어나야 한다. 집을 나설 때마다 새벽달과 마주한다. 이른 시간에도 전철은 사람들로 북적인다. 처음은 언제나 낯설고 몸으로 익혀 나가는 시간은 쉽지 않다. 마음의 준비도 나름 했다고 생각했지만 현장은 쉽지 않다. 왕복 4시간이 걸리는 거리, 비록 주 2회이지만 체력적으로 너무나 힘들고 지친다. 그래도 아이와 나를 위한 일이고 다시 꿈꾸기 위한 일이니 감당해 내야만 한다.

우리를 그려 가는 시간

지금 내 곁에는 사랑하는 사람이 있다. 그는 아이의 등원을 책임져 주고 집안일을 기꺼이 도맡는다. 무엇보다 나를 끊임없이 지지해 준다. 그가 있었기에 지금의 일도 시작할 수 있었다. 너의 꿈을 향해 나아가 보라고 했다. 아이를 키우며 나는 돌보지 못했다. 아이를 재우고 허겁지겁 밀어 넣은 음식들은 그저 연료일 뿐이었다. 이제는 식탁 위에 삶은 계란이 있다. 눈에 떨림이 잦은 나를 위해 견과류도 챙겨 준다. 에너지바, 물, 유산균 그리고 달걀에 그려 놓은 그의 마음. 한두 번이겠지 싶었지만 변함이 없다. 일하러 나가기 전 가방을 열어볼 때마다 이보다 큰 힘과 응원이 있을까 싶다. 필요한 물건이 점점 추가된다. 핸드폰 배터리가 금방 닳는 편이다. 휴대용 충전기를 전날 충전해서 함께 챙겨 놓는다. 한파가 찾아왔을 때는 커플 장갑도 놓치지 않는다. 출근 가방에 그가 가지런히 챙겨 놓은 소지품들을 넣기만 하면 된다. 이른 새벽이라 단잠을 깨우지 않으려 최대한 조심히 준비하고 나가려고 하는데 출근길 인사를 건네고 안아 주기 위해 일찍 일어난다. 늦게 잠들어 피곤한 날에는 배웅해 주지 못해 미안하다고 한다. 등원 준비 모습과 엘리베이터 앞에서 찍은 아이의 사진을 보내 주면 기나긴 출근길도 그리 힘들지 않다.

그 사람을 보면 좀처럼 보이지 않던 길이라도 조금씩 용기 내어 걸어가다 보면 어둠 속 밝게 빛나는 별빛처럼 결국 우리를, 나를 인도해 줄 거란 믿음이 생긴다. 그가 있기에 다시 꿈을 꾼다. 동화처럼 아름다운 삶이 존재하지 않음을 깨달았지만 둘이서 함께 '그려 갈' 내일을 꿈꾸게 되었다. 이혼 후 나는 오직 엄마의 이름으로만 살아왔다. 후회는 없다. 다만 내 몸이 쉬게 해 달라는 외침에 잠시의 쉼도 허락하지 못했다. 외로움을 느낄 때가 있었다. 마음이 공허해지는 때가 있었다. 아픔에 틈을 주지 않기 위해 나를 더욱 혹독하게 대했다. 시간이 흐르며 몸도 마음도 지쳐 갔다. 아무리 노력해도 생각만큼 몸이 반응해 주지 않는 순간을 느꼈지만 회피했었다. 그는 있는 그대로의 나를 바라봐 주었다. 있는 그대로의 나를 사랑해 주었다. 다정함으로 따뜻함으로 채워 주었다.

KTX를 타고 늦은 밤이 되어서야 도착한 부산. 그는 미리 도착해 한 손에는 노란 꽃다발을, 다른 한 손에는 내가 먹고 싶다고 했던, 얼음을 가득 채운 콜라를 들고 서 있었다. 서로를 알아보자마자 우리는 서로에게 달려갔다. 힘껏 껴안고 입을 맞췄다. 진주역에서 만났을 때는 플랫폼에서 무릎을 꿇고 반지를 끼워 주었다. 상처 난 손에 밴드를 붙여 주고 안아 주었다. 아이와의 첫 만남은 그리 자연스러울 수가 없었다. 잔뜩 긴장했던 모습은 온데간데없었다. 유치원 하원 길을 셋이서 손을 잡고 걸었다. 길어진 그림자가 우리의 미래 같았다. 이미 오래전부터 함께한 가족 같았다. 동네 중국집에 들어가 탕수육과 짜장면을 주문했다. 그는 아이의 입을 닦아 주고 탕수육을 덜어 주었다. 아이는 그의 무릎 위로 스스럼없이 올라가 안겼다. 내가 꿈꾸던 가족의 모습이었다.

스스로를 존중하지 않고 낙인찍는 사람을 타인이 존중해 줄 리 없다. 부정적인 생각을 이겨내지 않으면 사랑하는 가족도 행복할 수 없다. 과거로부터 벗어나고 싶다면 내가 먼저 나를 돌보아야 한다. 그것이 그가 알려준 사랑이다. 나를 웃게 하고, 건강하게 만드는 것이 삶의 사명이라 한다. 공원에 나가 걷게 하고 아이를 재우고 나오면 밥을 차려 준다. 끊임없이 나를 성찰하게 하고 자존감을 채워 준다. 기꺼이 뒷받침이 되어 주며 기쁨만 남기는 삶에 대해 이야기한다. 그에겐 배울 점이 넘친다. 그는 몸으로 마음으로 사랑을 보여 준다. 결과를 떠나 과정을 즐기는 사람이다. 사랑을 표현하는 것이 부끄러운 것이 아님을 알려준다. 감사를 전해야 매일이 빛난다고 말해 준다. 어둠 속 별빛처럼 나를 비춰 준다. 그를 보면 나도 좋은 사람이 되고 싶어진다. 그가 곁을 지켜주기에 새로운 발걸음을 내밀 용기를 얻는다.

그는 종종 아이에게 그림책을 읽어 준다. 그 장면이 또 너무나 예뻐서 눈물이 난다. 이제는 슬픔의 울음이 아닌 기쁨의 눈물이다. 오늘은 유치원 선생님이 일부러 전화를 걸어 주셨다. 아이가 엄청 밝아지고 웃음이 많아졌다고 했다. 이것 또한 그가 가져다준 긍정적인 변화다. 아이가 골라온 그림책 제목을 보고 그가 눈물을 흘린다.『우리 식구 만들기』란 제목을 보고 아이의 마음을 헤아렸으리라. 영원히 남기고 싶어 영상을 찍었다. 아이는 혀를 내밀었고 그는 무척이나 쑥스러워했다. 이제는 둘이 아닌 셋이다. 이곳이 내가 꿈꾸던 곰 세 마리의 집이다. 얼마 전 받은 그림책에 작가님이 '그림책은 하나의 우주'라고 써 주셨다. 그래, 그림책은 나의 우주다. 그와 나는 새로운 내일을 그려 나갈 것이다. 우리 셋은 모든 오늘을 아름다운 색깔로 칠해 나갈 것이다. 길고 길었던 겨울이었지만 봄은 끝내 오리라. 우리의 계절은 내내 반짝이리라.

(덕질부록)

당신께 그림책을 권해요

아이의 마음을 키우는 그림책

『나는 어떤 아이일까』, 프란체스카 달폰소(감정의 이해)

『눈물문어』, 한연진(기쁨과 행복)

『걱정 상자』, 조미자(두려움과 불안)

『기린은 춤을 못 춰요』, 자일스 안드레아(자긍심과 자신감)

『볼 빨간 아이』, 글 에마뉘엘 트레데즈, 그림 아망딘 피우(분노와 화)

『미움아, 안녕!』, 글 조셉 코엘로우, 그림 앨리슨 콜포이스(질투와 미움)

『아빠, 나한테 물어봐』, 글 버나드 와버, 그림 이수지(자긍심과 자신감)

『네가 어디에 있든』, 글 아리엘라 프린스 구트맨, 그림 즈느비에브 고드부(연결과 믿음)

『주차금지』, 글 백미숙, 그림 오승민(새로운 희망)

『프레드릭』, 레오 리오니(자기 수용, 칼데콧 아너상 수상)

『엄마 마음 그림책 시리즈 세트』, 글 윤여림, 그림 이미정(가족의 의미)

워킹맘 추천 동화

『엄마의 이상한 출근길』, 김영진(사실은 나도 엄마를 응원해)

『엄마가 문어로 변했어!』, 글 아슬르 페르케르, 그림 에지기 켈레시(엄마를 위한 아이의 귀여운 노력)

『돼지책』, 앤서니 브라운(가족의 역할 분담)

『L 부인과의 인터뷰』, 홍지혜(착한 엄마 콤플렉스)

어른에게 권하고 싶은 그림책

『강물처럼 말해요』, 글 조던 스콧, 그림 시드니 스미스(치유, 자신을 긍정하는 과정)

『완벽한 아이 팔아요』, 글 미카엘 에스코피에, 그림 마티외 모데(가족 간의 관계와 기대, 사랑의 본질)

『파랗고 빨갛고 투명한 나』, 황성혜(자기 성찰, 감정 치유)

『나의 봄 여름 가을 겨울』, 린리쥔(자연 속에서의 추억)

『고향의 봄』, 글 이원수, 그림 김동성(추억 소환)

온 가족이 함께 읽으면 좋을 그림책

『다정해서 다정한 다정 씨』, 글 윤석남, 기획 한성옥(엄마와 딸, 돌봄과 보살핌)

『쿠키크림의 비밀』, 하이진(치매, 기억)

『넘헌테는 잡초여도 내헌테는 꽃인게』, 왕겨(할머니의 지혜와 사랑)

『할머니의 뜰에서』, 글 조던 스콧, 그림 시드니 스미스(할머니의 다정한 아침밥)

『나의 작은 아빠』, 글 다비드 칼리, 그림 장 줄리앙(알츠하이머)

『할머니의 여름휴가』, 안녕달(여름의 정취, 따뜻한 감성)

#독서모임

이윤지의 독서 모임
: 혼자 읽다 함께 보다

이윤지

아들 둘을 둔 간호사 엄마.
책, 사람, 수다를 좋아하는 독서 모임 중독자.
운영자 때로는 회원으로 동시에 여덟 개의 모임까지 몸담았었다.
두 아이의 연이은 당원병 진단으로 2년 넘게 현실을 부정하며 방황의 시간을 겪었다.
죽음보다 괴로웠던 시간, 독서와 글쓰기를 통해 내면의 소리에 귀 기울이는 법을 배웠다.
혼자 읽기에서 함께 읽기로 독서의 세계를 확장한 것처럼
몸을 치료하는 간호사에서 마음을 치유하는 작가로의 성장을 꿈꾼다.

저서 『혈액원 간호사를 간직하다』
공저 『간·타의 간호사』

혼자 읽다
함께 보다

독서, 어디까지 해봤니?

"윤지 님은 취미가 뭐예요?"

"독서 모임이요."

"독서요?"

"아뇨, 독서 모임이요."

나의 지독한 책 사랑은 언제부터였을까? 책을 좋아하던 아이는 어쩌다 독서 모임을 사랑하는 어른으로 자랐을까? 어린 시절 내 방에는 나무로 만든 4단 책장이 있었다. 칸마다 색깔이 달라서 알록달록 무지개처럼 보였다. 책장은 늘 어린이들에게 인기 있는 책들로 가득 채워져 있었다. 엄마가 동화책을 실감 나게 읽어 주신 덕분에 매일 이야기 속으로 깊게 빠져들었다. 계속 읽어 달라며 보채는 딸에게 지치셨는지 결국엔 카세트테이프에 녹음을 해서 틀어 주셨다. 용돈이 생기면 집 근처 서점으로 달려가 읽고 싶었던 책을 샀다. 한 권씩 책을 모아 마침내 위인전 전집 한 질을 완성한 날에는 책등에 적힌 번호에서 혹시라도 빠진 숫자는 없는지 1부터 50까지 몇 번이고 반복해서 셌다. 아무리 세도 질리기는커녕 오히려 든든하기만 했다. 아이는 자연스럽게 매일 아침 일찍 일어나 책을 읽다가 등교하는 초등학생으로 자랐다.

수능을 앞둔 수험생 시절부터 취업 준비로 바빴던 대학생 때까지는 잠시 책에서 멀어졌었다. 간호 대학 졸업 후 첫 직장이 대학 병원 중환자실이었다. 끼니를 챙기기는커녕 물 한 잔도 맘 편히 마시지 못했다. 화장실에 갈 시간도 없이 꼬박 열 시간을 일했다. 퇴근한 뒤 자취방 침대에 쓰러지듯이 누우면 그대로 잠들어 가위에 눌리는 날이 반복됐다. 답답한 마음을 어디에라도 털어내고 싶은데 3교대 근무 탓에 친구를 만날 시간조차 없었다. 어느 날 같은 부서 동기가 내 사물함에 책을 한 권 두고 갔다. 『김미경의 인생미답』이었다. 근무 시간이 달라 긴 대화를 나눌 시간도 없었건만. 아마도 동병상련의 심정이었으리라. 너무나 힘에 부치던 시기에 건네진 따스한 위로였다. 마침 위로와 응원을 전하는 에세이가 유행하던 시기였다. 『내일도 출근하는 딸에게』, 『미움받을 용기』, 『법륜 스님의 행복』, 『살아갈 날들을 위한 공부』 등의 에세이를 읽는 동안 오히려 누군가가 나의 이야기를 들어 주는 기분이었다.

여러 권을 연달아 읽으며 충분한 위로를 받고 난 후에는 자기 계발서와 직업 에세이를 통해 직업의식을 다지고 가치관을 바로 세웠다. 자연스럽게

'인문학' 도서로 관심이 넓어졌다. 독서는 자아 성찰로 이어졌고 가족, 직장, 결혼 앞에서 마음을 단단하게 다질 수 있었다. 첫째 아이 출산을 앞두고는 생명의 고귀함을 되새기고 부모로서 책임감을 바로 세우고 싶었다. 산후조리원에 들어갈 때『나는 나무에게 인생을 배웠다』를 챙겨 갔다. 나무의 일생을 통해 주어진 삶을 적극적으로 살아내고, 어떤 시련에도 결코 삶을 포기하지 않는 자세를 배웠고 엄마로서의 책임감을 되새겼다. 어정쩡한 자세로 모유 수유를 하는 와중에도 틈틈이 한두 줄씩 책을 읽을 때면 숨을 쉬는 것 같았다. 둘째 아이를 출산할 때는 '철학'에 관심을 가졌다. 산후조리원에 머무르는 열흘 동안 일곱 권의 철학책을 읽었다. 니체와 쇼펜하우어의 이야기를 통해 '의미 있는 삶'에 대해 깊게 고민하게 됐다. 과거나 미래에 휘둘리지 않고 현재를 사는 지혜와 네 식구의 행복에 오롯이 집중할 힘을 얻었다.

꾸준히 읽으며 단단한 마음을 길렀다고 생각했지만 무너지는 건 한순간이었다. 23개월 간격으로 태어난 두 아이가 모두 희귀 난치 질환을 진단받은 것이다. 지인들의 진심 어린 위로도 들리지 않았다. 종교도 마음을 일으켜 세우지 못했다. 나를 망친다는 걸 알면서도 폭식을 일삼았고 술과 담배에 손을 댔다. 다행히 방황하던 손의 종착지는 '책'이었다. 30년간 쌓아 온 습관이 나를 옳은 길로 이끈 것이었다. 간병기와 투병기를 읽었고 의료인이 쓴 책을 읽었다. 가족들의 절실한 간호가 일으키는 기적을 읽었고 의료인들의 생명을 구하기 위한 고군분투기를 지켜보았다. 사람들의 시선과 사회의 관심이 얼마나 중요한지를 깨달았다. 지금까지 보이지 않던 것들이 모습을 드러냈다. 비슷한 처지인 사람들이 있다는 것만으로도 위안이 됐다. 혼자가 아니라는 기분이 들었다. 그들에게 닥친 시련에 함께 울었다. 아픔을 극복해 나가는 모습을 보며 용기를 얻었다.

  파도가 잦아들면서 다른 책도 읽을 수 있게 되었다. 소설과 고전, 철학책을 읽었다. 평소에 미처 떠올리지 못했던 주제로 다양한 생각을 해보는 계기가 됐다. 당연하게 지나치던 것에 의문을 품고 질문을 던지게 됐다. 스스로 답변을 생각해내며 자신과 대화하는 시간을 가졌다. 소설 속 인물들이 문제 상황에 대처하는 모습을 삶에 적용했다. 자녀, 배우자, 시댁, 친정, 학부모, 지인들과 갈등 상황에 부닥쳤을 때 유연하게 풀어 나가는 방법을 터득했다. 고전에 담긴 시대를 초월한 진리를 삶의 지향점으로 삼았다. 철학자들은 '나'를 먼저 알고, '스스로'를 사랑하고, 미래보다 '현재'의 행복에 집중하라고 일러 주었다. 뒤엉킨 마음을 풀어 주는 명쾌한 해답이었다. 나를 먼저 사랑하고 존중하니 두 아이를 간병하는 데 필요한 긍정적인 에너지가 생겼고 이는 곧 가정 전체의 행복으로 이어졌다. 불확실한 미래에 매달리지 않고 현재의 기쁨과 매일의 간호에만 집중하다 보니 새로운 하루가 주어지는 감사함을 깨닫게 됐다. '나'를 먼저 이해하고, 나를 둘러싼 '세상'에 대해 고민하며, '삶'의 의미를 탐구하게 되었다. 책 속의 문장들은 우리 가정에 닥친 시련을 절망에서 희망으로 이끌어 주었다.

독서 모임, 어디까지 해봤니?

오랜 기간 독서를 하며 단순히 읽고 덮어 버린 건 아니었다. 마음 깊이 와닿은 문장을 필사했고 책을 통해 얻은 깨달음을 글로 남겼다. 모두가 볼 수 있도록 나의 사유와 감상을 온라인 공간에 올렸다. 독후 감상이 쌓이니 다른 사람들과 댓글로 책 내용에 대해 소통하는 경우가 종종 생겼다. 같은 책을 읽고 다른 사람과 감상을 나누는 재미를 알게 됐다. 문득 '독서 모임'이 해보고 싶어졌다. 하지만 일 년에 책 한 권도 읽지 않는 성인이 절반이 넘는, 요즘 같은 시대에 독서 모임이 과연 있을까?' 반신반의하며 우리 지역 오프라인 독서 모임을 검색했다. 놀랍게도 이미 여러 모임이 활발히 운영 중이었다. 유료 및 무료, 평일 및 주말, 가입 조건 등 성격도 다양했다. 처음이니 무료 모임부터 시작해 보기로 했다. 두 개의 모임에 가입했는데 둘 다 버스로 한 시간 정도 걸리는 거리였다. 시간과 돈이 들더라도 재미있다면 꾸준히 참여할 각오였는데 문제는 다른 곳에 있었다. 하나는 신설 모임이라 분위기가 어수선했다. 진행자는 자기소개에만 열을 올렸고 운영 방식에는 체계가 없었다. 나까지 덩달아 불안해졌다. 다른 하나는 이미 다년간 이어진 모임이라 기존 회원들끼리의 끈끈한 분위기가 완연했다. 또한 1년 동안 읽을 도서 목록이 이미 선정되어 있었는데 대부분 초보가 읽기 어려운 고전이나 벽돌 책들이었다. 그들만의 리그처럼 느껴졌다. 신입이라서 마음을 붙일 곳이 없었다. 두 모임 모두 딱 한 번만 참여하고 발길을 끊었다. 그래도 독서 모임은 거리, 비용, 진행 시간, 인원수, 도서 목록, 회원 간

분위기 등 많은 요소의 영향을 받는다는 걸 알게 되었으니 소득이 없진 않았다.

몇 달이 지나고 집 근처 도서관에서 독서 모임을 연다는 소식을 접했다. 무료였지만 열 명이 채 되지 않는 인원이 모였다. 도서 선정은 공평하게 진행됐다. 각자 한 권씩 책을 골라 자신이 추천한 도서의 발제와 진행을 직접 담당하는 방식이었다. 처음에는 긴장됐지만 금방 재미있어졌다. 직접 선정한 책으로 진행하는 날에는 책을 훨씬 깊게 읽게 됐다. 적어도 두 번 이상 읽고, 토론하기에 적당한 발제를 정하고, 답변도 정성껏 준비했다. 진행을 위해서라도 다른 회원의 답변을 경청하게 됐다. 독서 모임에서 기른 듣는 자세는 가족과의 대화로도 이어져 긍정적인 에너지를 주었다. 책 속에서 일어난 똑같은 사건을 놓고도 각자의 감상이 다르다는 게 흥미로웠다. 사고의 폭이 넓어지고 새로운 관점을 열어 주었다. 다른 의견을 존중하는 법을 배울 수밖에 없었고 이는 남편이나 친구들과 생각이 다를 때 상대방을 이해할 수 있는 마음의 여유로 이어졌다. 오랜 육아와 더불어 두 아이를 간병하는 일에 마음이 가장 지쳐 있던 때였다. 책에 대한 감상을 나눌 때 내가 처한 상황에 빗대어 생각을 표현하다 보니 홀가분해졌다. 아이들 질병에 대한 상황과 감정을 드러내는 걸 회피했었는데 타인들에게 표현하는 연습도 됐다. 나중에 알고 보니 다른 회원도 가족 관계에 어려움이 있었는데 독서 모임에서 자신의 마음을 조금씩 꺼내는 연습이 됐다고 했다. 우리는 어느 순간부턴가 책을 넘어 서로의 삶에 위로와 응원을 건네고 있었다.

1년 동안 꾸준히 다니다 보니 혼자서 읽을 때와는 비교할 수 없을 정도로 큰 재미를 느낄 수 있었다. 모임 시간이 일상에 자리 잡았고 체력이 허락하니 다른 모임을 추가로 해도 되겠다는 생각이 들었다. 색이 조금씩 다른 모임에 가입하다 보니 어느새 여덟 개의 모임에 가입되어 있었다. 그래도 모두 놓치고 싶지 않았다. 책 속에 파묻혀 지내는 시간이 너무 행복했다. 오프라인 모임은 세 개였다. 도서관에서 진행하는 가입 조건 없는 모임, 자녀가 있는 여성을 대상으로 하는 모임, 서울에서 진행하는 간호사 출신의 모임이었다. 온라인 모임은 다섯 개였다. 각자 자유롭게 시를 읽고 감상을 나누는 모임, 정해진 도서를 읽고 운영자의 해석이 담긴 글을 받아 보는 모임, 매일 정해진 문장을 필사하는 모임, 육아와 독서를 병행하고 싶은 엄마들의 모임, 지정 도서를 정해진 분량만큼 읽으며 떠오른 단상을 하루에 한 편씩 글로 표현하는 모임이었다. 모임마다 장점도 달랐다. 회원 가입에 조건이 없는 모임은 20대 여성부터 60대 남성까지 남녀노소가 골고루 참여했다. 각자의 생각을 나누며 상대방의 성별, 나이, 살아온 시대를 이해해 보는 유익한 경험이 됐다. '간호사'라는 가입 조건이 있는 모임에서 얻는 것도 많았다. 직업과 관련된 도서와 발제를 통해 얻은 사유 및 성찰을 직업에 적용할 수 있었다. 또한 간호대 학생, 신입 간호사, 중간 연차 간호사, 병원 외에 다른 직장에서 일하는 간호사 등이 모여 서로의 상황을 이해하는 데 큰 도움이 됐다.

다년간의 모임 경험을 살려 '육아에 지친 엄마'들과 대화를 나누고 싶어졌다. 더 이상 침흘리개 아이들의 이야기가 아닌 '책'을 매개로 소통하고 싶었다. 평소에 잘 쓰지 않는 뇌 근육을 움직이고 싶었다. '육아맘 독서 모임'이라 이름을 짓고 온라인과 오프라인에서 동시에 회원을 모집했다. 모집하기 전에 독서 모임 개설과 관련된 책을 열 권 정도 읽으며 철저하게 준비했다. 블로그와 인스타그램을 통해 홍보했더니 온라인 모임은 문의 및 가입이 눈에 띄었지만, 오프라인 모집은 장소 선정부터가 문제였다. 장소 섭외에 비용이 든다면 참가비를 받아야 할 것이다. 유료 모임이 되면 가입 문턱이 높아져 신청자가 적을까 봐 걱정됐다. 장소를 알아보던 중 이용하던 도서관에 문의했다. 장소 대여는 불가능하지만 기획이 좋으니 도서관 모임으로 진행하면 좋겠다는 제안을 받았다. 더욱 잘된 일이었다. 도서관이라는 날개를 달고 회원 모집은 성황리에 이루어졌다.

  온라인 모임은 나를 제외하고 모두 독서 모임이 처음이라 운영을 맡게 되었다. 참여 의지를 높이기 위해 각자 한 권씩 도서를 추천하고 이후 진행은 내가 맡았다. 오프라인 모임은 열 명을 예상했는데 열두 명이 신청했다. 독서 모임이 처음인 사람부터 9년 차인 사람까지 다양했다. 엄마들의 나이도 20대 후반부터 40대 후반까지 고르게 분포되어 있었고 자녀들의 나이도 이제 막 돌을 지난 아기부터 고등학생까지 천차만별이었다. '엄마'라는 공통점 안에서도 다양한 사람이 모인 셈이었다. 적당한 공통점과 차이점이 있기에 입체적인 분위기가 형성됐다. 동네 도서관에서 진행해서 그런지 모임에서 우연히 같은 반 학부모를 마주치는 반가움도 있었다. 모임 첫째

날, 운영 방식을 함께 상의했다. 내가 준비한 운영 방식만을 강요하지 않고 다른 회원들의 경험과 독서 모임을 처음 해보는 회원들의 기대감을 적절히 섞었다. 모두가 만족하는 우리만의 특별한 운영 방식이 만들어졌다. 모임마다 인원, 회원들의 성격, 분위기가 모두 다르므로 한 가지의 운영 방식을 고집하지 않는 게 도움이 됐다. 독서 모임 또한 작은 사회이므로 운영자 혼자서 이끄는 게 아니라 구성원 모두가 함께 만들어 간다는 마음가짐이었다. 육아 도서를 필수로 넣을지 뺄지도 문제가 되지 않았다. 어떤 장르를 읽더라도 결국 우리의 감상은 육아와 연결될 거라는 의견이 나왔기 때문이다. 독서 모임이 처음인 회원이 많아서 쉽게 읽히고, 완독에 부담이 없고, 육아와 가정에도 도움이 될 만한 책을 선정하다 보니 주로 '청소년 소설'과 '육아 에세이'가 선정됐다. 아직 말이 통하지 않는 영유아의 엄마들은 답답했던 속이 뻥 뚫렸고, 초등학생 엄마들은 자녀를 대하는 태도가 부드러워졌으며, 중학생 엄마는 자녀와 같은 책을 읽고 감상을 나누며 서로의 거리가 가까워졌으며, 고등학생 엄마는 청소년 소설을 통해 자녀의 심리를 간접적으로나마 알게 되었다. 그리고 우리 모두는 일상에서 벗어나 취미 활동을 한다는 흐뭇함과 완독의 뿌듯함을 함께 느꼈다.

독서 모임 하면 뭐가 좋아?

주변 사람들은 내게 묻곤 한다. "독서 모임 하면 뭐가 좋아?", "혼자 책 읽는 거랑 뭐가 달라?" 독서 모임은 단점이 없다는 게 단점이다. 먼저 독서에 흥미를 느낄 수 있다. 새해 목표로, 새로운 취미를 갖고 싶어서, 책에서 위로를 얻고 싶어서, 매일 똑같은 일상에서 벗어나고 싶어서, 다양한 이유로 모인 사람들이 '완독'이라는 성취감을 공유한다. 책을 읽고 싶긴 한데 습관이 되지 않아서 매번 끝까지 읽지 못하는 사람들이 있다. 회원들과 약속을 지키기 위해서라도 정해진 날짜에 지정 도서를 끝까지 읽게 된다. 성취감을 맛보다 보면 어느 순간부턴가 스스로 책 읽는 재미를 깨닫게 된다. 기쁨은 규칙적인 독서 습관으로 이어진다. 또 하나 편독이 개선된다. 편독이 나쁜 것만은 아니지만 늘 같은 것만 읽고 같은 것만 보다 보면 생각이 좁아지기 마련이다. 다양한 장르의 책을 접하고 싶다면 독서 모임이 답이 될 수 있다. 다양한 분야의 책을 접하며 나의 세계를 넓힐 수 있다. 내 경우에는 독서 모임을 통해 소설과 고전에 가까워졌다. 책을 깊고 넓게 감상할 수 있다. 같은 책을 읽어도 여러 사람이 감상을 나누면 회원 수만큼 관점과 해석도 많아진다. 또한 혼자 읽을 때 잘 이해되지 않던 부분이 다른 회원의 감상을 듣고 나면 쉽게 이해되는 때도 있다. 이는 생각의 폭이 넓어지는 기회가 된다.

　취미가 같은 인맥이 넓어진다. 다른 모임에서는 연예인, 주식, 코인, 분양 같은 이야기가 주를 이뤘다. 평소 관심이 적은 주제라서 겉도는 기분이 들었다. 내적 성장에 도움이 되는 발전적인 이야기를 나누고 싶었다. 같은 성향의 사람끼리 모여 책을 매개로 한 대화를 나누는데 즐겁지 않을 수가 없다. 같은 직업이나 나이대로 조건을 제한한 모임이라면 보다 깊은 대화로 이어진다. 동시에 평소에 쉽게 만날 수 없는 다양한 분야의 인맥을 넓힐 수도 있다. 가입 조건에 제한이 없으면 다양한 연령대, 직업군의 사람들이 모이며 그만큼 대화의 주제도 다양하게 나온다. 다양한 사람의 삶을 간접 경험하는 것도 하나의 독서다. 문제 상황을 새로운 각도로 고민하여 해답까지 찾을 수 있는 신선한 기회가 되기도 한다. 덤으로 말하기 연습도 된다. 독서 모임 진행의 큰 흐름은 '책을 읽고 자기 생각을 다른 사람 앞에서 이야기하는 것'이다. 처음에는 시선을 어디에 둘지 몰라 식은땀이 나더라도 몇 번 경험하고 나면 많은 사람 앞에서 말하는 두려움을 극복할 수 있다. 시선 처리, 표정 관리, 목소리 크기 조절까지 할 수 있게 된다. 조리 있게 말하는 능력은 자연스레 얻어진다. 누군가는 10년 차 가정주부로서 잃어버린 자존감을 회복했고, 누군가는 가족과의 관계가 회복됐고, 누군가는 직장을 대하는 관점이 달라졌고, 누군가는 인간관계 속에서 외로움을 극복했고, 누군가는 삶의 역경을 대하는 태도가 달라졌다고 고백했다. 독서 모임 회원들은 건강한 에너지를 나누면서 서로 성장하게 돕는다.

오늘도 독서 모임에 간다

독서 모임, 언제나 설레는 단어다. 단순한 책 읽기를 넘어 인생 수업이라 여긴다. 혼자 읽을 때보다 훨씬 많은 걸 얻는다. 다양한 책을 추천받고, 혼자 읽으며 재미와 깨달음을 얻고, 감상을 정리하고, 내 생각을 다른 사람에게 표현하고, 그에 대한 상대방의 반응을 살피고, 다른 의견을 받아들이며 사고의 폭을 넓히고, 다시 일상으로 돌아와 삶에 적용하는 과정을 거친다. 사유, 성찰, 적용이 자연스럽게 연결된다. 책을 몇 권 읽는다고 갑자기 부자가 되거나 시험에 합격하거나 승진하는 기적은 일어나지 않지만, 꾸준히 반복하면 어느 순간 인생이 점차 건강한 방향으로 바뀌고 있음을 느낄 수 있다. '나'에 대해 다시 알게 되는 시간이다. 사회가 원하는 모습이나 타인의 선택을 별생각 없이 따라가는 게 아니라 내면의 목소리에 귀를 기울여 주체적으로 삶을 결정할 수 있게 된다. 물론 나도 사람인지라 때때로 눈앞에 닥친 상황에 흔들리고 불쑥 튀어나오는 감정에 무너진다. 하지만 이것이 잘못된 것이 아님을 안다. 인간의 본능이며 자연스러운 모습임을 받아들였다. 내겐 나를 다시 바른 방향으로 돌려 줄 도구가 준비되어 있으니까. 나는 오늘도 독서 모임에 나간다.

(덕질부록)

독서 모임이 처음이라면
: 온라인 vs 오프라인

온라인 모임 특징

장점

- 참가 인원 및 장소 선정에 제한이 없다.
- 타인과의 대면 대화가 부담스러운 사람도 참여하기 쉽다.
- 단체 채팅은, 대화를 전송하기 전에 내용 및 오타를 점검할 수 있다.
  대화가 기록되기 때문에 회의록 작성에 도움이 된다.
- 화상 회의는 강연 등의 상황에 사용하기 좋다.
  내용을 따로 기록하지 않아도 녹화할 수 있다.
- 장문의 글을 게시하거나 주고받을 수 있다.(인터넷 카페, 밴드, 단체 채팅 등)

단점

- 연결 전자 기기가 반드시 필요하다.
- 화상 회의의 경우 연결이 끊기거나 매끄럽지 않아서 내용을 놓치는 때가 있다.

- 불특정 다수에게 이름, 얼굴, 사진 등 개인 정보가 노출되는 것이 불편할 수 있다.
- 표정, 자세, 억양 등 비언어적인 부분을 정확하게 알 수 없어 오해가 발생할 수 있다.
- 참여자가 많을수록 발언권을 못 얻는 사람도 생긴다.
- 타인의 집중도를 파악하기 어렵다.

오프라인 모임 특징

장점

- 흐름이 끊기지 않고, 원활한 소통이 가능하다.
- 마음을 나누고 끈끈해지는 데 적합한 방법이다.
- 온라인 모임에 비해 활기차다.

단점

- 시간 및 장소를 미리 정해야 하는 불편함이 있다.
- 장소 대관 시 비용이 발생할 수 있다.
- 대인 관계가 서툴거나 내향적이라면 진입 장벽이 높다.

#경주

박민경의 경주
: 나의 청춘, 나의 경주

박민경

금관가야의 땅, 김해에서 태어났고
신라의 수도 경주에 한눈에 반했다.

경주대학교 문화재학과를 졸업하고
국립경주박물관에서 연구원으로 근무했다.

고향으로 돌아와
사랑하는 남편과 함께 루나, 루하, 루서
삼 남매를 키우며 쓰는 삶을 살고 있다.

나의 청춘,
나의 경주

가야 여고생, 경주와 사랑에 빠지다

김해는 금관가야의 숨결이 깃든 도시로 옛사람들의 흔적이 곳곳에서 발견된다. 경주의 황리단길처럼 카페와 식당들이 모여 봉리단길로 유명해진 봉황동은 어린 시절 추억이 가득한 동네다. 우리 집 바로 뒤쪽에는 두 개의 언덕이 있었다. '작은 당산'이라 불리던 언덕에는 어른 셋이 누워도 넉넉한 바윗돌이 있었다. 고인돌이 뭔지도 모르는 꼬마였던 나는 마을 사람들이 만들어 놓은 미끄럼틀인 줄 알았다. 막내 오빠는 바위 옆 구멍에 들어가 옛날 사람들이 비바람을 피하고 불을 피웠던 작은 동굴이라고 했다. 흙 속에서 반짝이는 조개껍데기를 바라보며 바닷가에서 노는 상상을 했다. 우리가 놀던 언덕은 사실 '김해 회현리 패총'이었다. 사라진 바다의 기억이 잠든 그곳에는 유년 시절 남매의 추억 또한 스며 있다. 말괄량이로 자라난 나에게 '작은 당산'은 낮고 시시해졌다. 동네 아이들을 모아 맞은편에 자리한 '봉황대 유적'을 정복했다. 얌전하게 열매를 줍고 들꽃을 따서 나뭇잎 접시에 곱게 차려 소꿉놀이를 할 때도 있었지만 나뭇가지로 칼싸움하거나 높다란 황세바위를 오르락내리락하며 전쟁놀이하는 게 제일 신났다. 여의와 황세의 슬픈 사랑 이야기가 남겨진 여의각 주변에서 우리는 귀신놀이를 했고, 무섭지도 않은데 소리를 질러대며 도망치듯이 각자 집으로 흩어졌다. 학창시절 '대성동 고분군'은 커다란 나무 그늘에서 아이스크림 하나 입에 물고 앉아 있다가 가기에 좋은 쉼터였고 담장 너머 '수로왕릉'은 능소화 피는 계절이면 음료수 한 캔 뽑아 들고 친구들과 도란도란 이야기 나누던 예쁜 카페였다. 발길 닿는 곳이 가야의 흔적이 남아 있는 유적지였고 친구들과 모여 놀던 곳이 오랜 역사의 현장이었다.

구지봉 기슭에 '국립김해박물관'이 지어졌다. 1998년이었다. 전시관 안에는 가야 시대 유물들이 가득했다. 어릴 적 놀이터로만 생각했던 유적지들이 어떤 의미가 담긴 장소인지 그곳에서 배웠다. 교과서 안에 갇혀 있던 역사가 내 마음속으로 들어왔다. 역사에 재미를 느끼기 시작할 무렵의 고등학교 미술 시간이었다. 미술 선생님이 개인적인 사정으로 자리를 비우셔서 담임 선생님이 텔레비전을 틀어 주고 나가셨다. 딱히 할 일도 없는데 뭔지 보기나 하자는 생각이었다. 황룡사 구층 목탑이 불타고 있었다. 고려 시대 몽골군에 의해서 불타버린 목탑의 모습이 그래픽 기술로 다시 살아났다. 목탑이 원래 자리를 지키고 있었다면 얼마나 자랑스러웠을지 가슴이 먹먹해졌다. 영상은 한국의 10대 문화유산에 대한 특별 방송을 녹화해 둔 것이었다. 고구려 고분 벽화, 백제 무령왕릉, 신라 황남 대총에 대한 내용도 좋앉지만 내 마음을 사로잡은 것은 석굴암이었다. 영상 속에서도 석굴암 본 존불은 아름다웠다. 불교 신자는 아니지만 법을 설하는 부처님의 모습이 저러했다면 어떤 말이라도 와닿을 듯했다. 석굴암을 이루고 있는 모든 조각이 신라 시대에 돌로 만들었다고는 믿어지지 않을 만큼 빼어났고, 전체적인 구조 역시 정교하고 과학적이었다. 그런데 지금의 모습이 원래의 모습이 아니라니 궁금해졌다. 석굴암을 더 자세히 알고 싶었고 실제로 찾아가 보고 싶었다. 일제 강점기에 시멘트로 복원해서 누수가 발생하고 훼손이 심각하다는 부분에서는 분노가 치밀어 올랐다. 터무니없이 파손되거나 사라지는 문화재가 생기지 않도록 지켜내고 싶었다. 나도 신라 사람들이 남긴 흔적을 오감으로 느껴보고 싶었다. 경주에서 문화재를 가까이하는 내 모습을 그려 보았다. 새로운 발견을 해내서 역사의 한 페이지를 장식하는 상상도 해보았다. 그렇게 경주를 꿈꾸게 되었다.

　진로 상담에서 경주에 있는 문화재학과에 진학하고 싶다고 말씀드렸다. 담임 선생님은 서울은 물론 가까운 부산에도 역사학과, 고고학과, 미술사학과 등이 있으니 수능 시험을 보고 나서 준비해 보는 게 좋겠다고 하셨지만 경주만이 유일한 선택지였다. 부모님은 김해에서 대학에 다니길 바라셨지만 4년 동안 장학금을 받고 생활비는 아르바이트로 벌어서 쓰겠다고 설득했다. 엄마는 나의 선택을 믿는다며 그렇게 간절하다면 지원해 보라고 하셨다. 특차 지원을 위해서는 대학교로 직접 가야 했다. 혼자 경주행 시외버스에 몸을 실었을 때 카세트테이프에서 흘러나오던 노래와 창문 밖으로 보이는 시리고 푸른 하늘은 물론 버스 안 탁한 공기까지 좋았다. 경주 시외버스 터미널에서 70번 버스를 타고 학교를 찾아갔는데 여름 방학 때 방문했던 서울의 캠퍼스들보다 훨씬 아담했다. 그래도 좋았다. 그래서 설렜다. 따로 면접도 없었고 접수는 간단했다. 곧바로 불국사로 향하는 버스에 올랐다.

누구의 강요도 없이 스스로 찾아간 불국사는 생각보다 넓었다. 책에서만 보던 다보탑은 훨씬 크고 아름다웠으며, 석가탑은 단순해 보이면서도 완전 무결했다. 돌에도 생명이 깃든 게 아닐까. 별별 생각을 하며 불국사 회랑을 느긋이 걷다 보니 시간이 훌쩍 지나버렸다. 석굴암 방문은 다음 기회로 미루고 서둘러 터미널로 가는 버스를 탔다. 버스 맨 뒷자리에서 바라본 하늘은 붉어진 해를 감싸고 타오르는 듯했다. 경주와 사랑에 빠져드는 순간이었다. 나의 미래도 이토록 아름다운 빛으로 물들 수 있을까? 여기 경주에서 산다면 그럴 수 있겠다. 내가 경주를 선택하고 달려왔듯이 경주도 나를 허락해 주는 듯했다. 내 지독한 경주 앓이가 시작되었다.

문화재학과에 입학하다

어깨에 닿을 듯 말 듯 한 단발머리, 청바지에, 하늘색 스니커즈 차림을 한, 경주에서의 나는 두려울 게 없었다. 학교는 네 개의 건물로 이루어져 있었다. 본관이라 부르던 2관 건물은 학교의 중심에 우뚝 솟아 있다. 본관 건물 5층에는 학교 박물관이 있었다. 박물관 창문에서는 정문까지 이어진

도로가 보였다. 정문 앞 커다란 두 개의 기둥은 신라 시대 당간 지주를 본떠서 만든 것이었다. 은은한 살구색 벽돌로 지어진 3관에 문화재학과 사무실과 교수실이 있었다. 어깨에는 가방을 메고, 한 손엔 두세 권씩 책을 들고 전공과목 수업을 들으러 언덕을 오르던 나날들. 날씨가 좋을 때는 도서관으로 가는 광장에 모여 공학관 학생 식당 메뉴가 뭔지, 이번 시험공부는 어느 관 도서실에서 할지 이야기 나누곤 했다. 경주를 사랑스럽게 만드는 4월의 벚꽃처럼 화사하고, 설렘 가득한 대학 생활이었다.

 말을 타고 달리던 신라의 화랑들처럼 버스를 타고 경주 시내를 거침없이 누비던 빛나고 푸르른 나의 청춘! 학교 정문 앞 버스 정류장에서 70번 버스를 타면 김유신 장군 묘가 있는 충효동을 지나 서천교를 건너서 경주 시외버스 터미널 근처에 정차했다. 주말에 김해 집으로 갈 때면 그곳에서 내렸지만 시내에 나갈 때는 한참을 더 타고 경주 구석구석을 돌아야 했다. 농협 사거리를 지나면 경주에서 가장 크고 높은 무덤인 황남 대총의 꼭대기가 어렴풋이 보인다. 중앙시장의 복작복작한 광경을 지켜보다가 할머니들이 타시면 얼른 자리에서 일어나 버스 문 가까이로 다가서곤 했다. 표구사가 즐비한 거리가 나오고, 영국제과 간판이 보이면 벨을 누르고 내려서 시내 탐방에 나섰다. 여름 방학 동안 발굴 작업에 참여해서 받은 급여를 아끼고 모아두었다가 외출한 날이었다. 대왕극장에서 영화를 보고, 레코드 가게에서 최신 가요 테이프도 사고, 부대찌개로 든든하게 배를 채웠다. 다시 영국제과가 있는 거리로 돌아 나와 제일서점에 들르면 반나절이 금세 지나갔다.

이토록 사소한 나의 경주가, 이처럼 싱그러운 여름날의 경주가 좋았다.

경주에서 보내는 계절이 늘어날수록 애정하는 것들이 쌓여갔다. 고향 친구들이 경주에 놀러 오면 그동안 알아둔 멋진 장소를 보여 주고 싶어서 안달이었다. 발길이 닿는 모든 곳을 사랑했다. 경주의 새벽은 토함산에서 떠오른 일출이었다. 막막한 어둠과 추위를 묵묵히 견뎌내며 석굴암에 도착하면 돌담에 걸터앉아 몰려드는 잠을 이겨내며 힘차게 떠오르는 태양을 맞이했다. 월성 앞에 피어난 유채꽃으로 밝게 빛나던 경주의 낮. 꽃밭에 앉아 미소 짓는 친구와 함께 보낸 시간은 희망 그 자체였다. 공부와 일, 사람에도 지쳐가는 경주의 오후. 적막한 황룡사 터에 홀로 앉아 서서히 물들어 가는 노을을 바라보며 위로를 받았다. 월지에 떠오른 보름달을 찾아 발걸음을 옮겼다. 따스한 달빛 아래서 다시 내일을 살아갈 힘을 내었다.

학교 박물관에서는 문화재학과 학생들이 모여 스터디도 하고 발굴과 보고서 작업에 참여할 기회를 주었다. 3, 4학년 선배님들이 주축으로 있었는데 나와 몇몇 친구들은 1학년 때부터 지원했다. 수업이나 개인 일정이 없을 땐 아침 9시부터 오후 9시까지 책상 앞에 붙박이별처럼 앉아 있었다. 방학 때는 발굴 현장에서 삽질과 호미질도 해보고, 토층 분석은 어떻게 하는지, 땅속에 묻힌 유적과 유물은 어떻게 조사해서 보관하는지 몸으로 부딪쳐 가며 배웠다. 땡볕 아래서 땅을 파고, 시린 겨울 손발이 꽁꽁 얼어가며 현장에서 일하는 것이 마냥 쉽지는 않았지만 땅속에 잠들어 있던 문화재를 깨워서 처음 만나는 기쁨에 그래도 웃을 수 있었다.

위대한 고고학자가 될 줄 알았다. 주변에서는 재능이 있다고 했다. 고고학 개론, 신라 미술사, 불교 건축사 등의 학과 수업도 재미있었다. 두꺼운 뿔테 안경을 쓰고, 3시간씩 열정적으로 수업하는 교수님들이 존경스러웠다. 내가 선택한 경주에서 문화재에 대해 알아가는 즐거움은 상상 이상으로 만족스러웠다. 새빨간 별들이 하늘에서 후드득 떨어져 내리는 듯이 온 세상이 단풍잎으로 가득한 10월의 어느 날이었다. 문화재학과 가을 답사 때 처음 오른 경주 남산은 어떻게 이런 곳이 있을 수 있을까 싶을 정도로 신비로웠다. 부처님의 숨결이 남산 곳곳에 퍼져 있었다. 특히 옥룡암 근처 탑곡 마애 불상군은 거대한 암석에 그려진 천재 석공의 스케치 같았다. 친구들을 데리고 가이드를 자처해 가면서 신나게 오른 신선암. 마애 보살 반가상의 아름다운 자태를 눈에 담는 것도 좋았지만 시원한 생수를 마시며 경주 시내를 한눈에 내려다보면 구름 위에 걸터앉은 부처가 된 것처럼 마음이 차분해졌다.

단석산에서 수련하면서 단칼에 바위를 베어 내었다는 김유신의 기세를 본받아 온몸으로 경주를 가득 담고 싶었다. 그래서 튼튼한 두 다리로 경주 남산을 동서남북으로 가로지르고 오르내렸다. 봄과 가을에는 경주 구석구석을 답사하고, 여름과 겨울에는 전국 곳곳을 다니면서 오감으로 문화재를 탐구했다. 문화재를 알아가고 닮아가는 아름다운 시절이었다.

박물관으로 출근하다

　손님을 대접할 때 쓰던 작고 동그란 교자상이 내 책상이었다. 늘 멋진 책상이 갖고 싶었는데 도서관이 나의 공부방이 되어 주었다. 그날의 기분과 날씨에 따라 자리 잡는 장소가 달라졌다. 책 속 활자 위로 햇살 조각이 부서지는 날이면 마음에 드는 책을 뽑아다가 커다란 책상에 탑처럼 쌓아 두고 읽었다. 창문가에 앉아 쏟아져 내리는 비를 무심코 바라보기도 했다. 사람들이 오가는 공간이지만 고요한 동굴 같았다. 경주에서 찾은 나만의 휴식처는 박물관이었다. 전시실 안으로 들어서면 바깥과는 확연히 다른 조명과 온도에 새로운 세상에 들어선 것 같다. 진열장 속 유물과 유리에 비치는 내 모습. 문화재와 설명을 살펴보며 그것을 직접 만들고, 실제로 사용했던 사람들을 떠올렸다. 물레에 흙을 올리고 그릇을 빚는 장인, 기와를 지붕에 올리는 사람들, 돌을 쪼개어 불상을 완성하는 석공의 모습, 화려한 금관을 쓴 왕족의 모습. 내가 알고 있는 지식과 상상이 더해져 과거의 모습들이 자연스럽게 그려졌다. 다리가 아플 정도로 찬찬히 돌아보다가 아쉬운 마음을 간신히 접고 관람을 끝내고 나면 자판기에서 복숭아향이 맴도는 음료를 뽑아 들었다. 시원한 기운을 느끼며 '박물관에 매일 올 수 있으면 좋겠다.'고 생각했다.

　꿈이 이루어졌다. 박물관에 입장료도 내지 않고, 문을 닫는 월요일에도 당당히 들어오는 직원이 되었다. 2004년 9월, 막내 연구원으로 국립경주박물관에 입사했다. 출근해서 처음으로 한 일은 돌의 크기를 재는 것이었다. 박물관 정원에는 1,300점이 넘는 석조 문화재가 전시되어 있다. 무심코 지나치기 쉽지만 절의 마당에 놓여 어둠을 밝혔을 석등, 사라진 탑의 한 부분을 멋지게 장식했을 금강 역사상 등 그저 돌이라고 부를 수 없는 역사의 조각들을 기록하고 확인하는 과정이자 국가 문화유산 표준 관리 시스템을 구축하기 위한 기초 작업이었다. 유물 정리실 한쪽 벽면을 나무 서랍장이 빼곡히 채우고 있었다. 한약방 약재함처럼 생긴 서랍을 열면 손바닥 크기만 한 종이가 가득 들어 있었다. 마치 도서관에서 빌린 책 뒤 페이지에 꽂혀 있던 도서 카드 같았다. 유물 카드 앞면에는 유물을 찍은 흑백사진이 붙어 있고 뒷면에는 유물의 이름, 출토지, 크기, 상태 등의 정보가 적혀 있다. 유물 카드를 디지털화하는 작업을 했다. 누구나 검색해서 정보를 얻을 수 있도록 하는 의미 있는 일이었다.

근무하면서 가장 힘들었지만 행복한 순간은 수장고에서 일할 때였다. 삼엄한 보안 장치를 열고 들어가면 박물관이 소장한 수만 점의 문화재들이 보관함에 자리 잡고 있었다. 우스갯소리로 천 년 묵은 먼지와 함께 일한다는 자부심과 낭만이 있던 시간이었다. 특별 전시를 위한 팀원으로 새롭게 사무실을 꾸리고 학예 연구사 선생님과 함께 전국 각지에 숨어 있는 '신라의 사자'를 찾아냈다. 유물 촬영을 보조하고, 도록 작성을 돕고, 전시장 구성을 하고, 유물 이전과 배치를 함께하고, 전시를 개최하기까지 전반의 업무를 보조했다. 유물 정리실, 보존 과학실과 협업하는 즐거움을 알게 되었고 평소에 인사만 하던 동료들과 함께 일하며 친분을 쌓아갔다. 특별 전시

업무가 끝나고 보고서 작업실이 개편되면서 고고학 전공을 살려서 팀원으로 일할 좋은 기회가 생겼다. 학술 발굴에도 참여하고, 보고되지 못한 채 잠들어 있던 유물들을 세상에 소개할 수 있는 근사한 작업을 할 수 있었다. 학예 연구사 선생님의 배려로 석사 논문 연구에 도움이 될 만한 자료들을 정리하는 업무를 진행하게 되었다.

보고서에 필요한 탁본 작업을 하는데 허리가 아팠다. 별일 아니라고 생각했지만, 다음 날 아침에는 허리와 다리가 굳어서 걸을 수 없었다. 친구의 도움을 받아 병원에 가니 디스크 수술을 권유했다. 참담한 기분에 휩싸여 입술을 깨물었다. 20대에 척추 수술이라니 받아들일 수 없었다. 진통제와 물리치료로 버텼다. 어떤 날은 옷을 갈아입는 것조차 버거웠다. 택시를 타고 병원까지 가는 것조차 힘겨웠다. 패잔병처럼 지치고 외로웠다. 또 어떤 날은 화장실 가는 것도 힘들어서 물도 안 먹고 종일 누워만 있었다. 납덩이를 집어삼킨 듯 몸이 무거웠다. 몸이 망가지니 마음이 무너지는 건 순식간이었다. 늘 머리가 아팠고, 집밥을 먹고 싶었다. 모든 게 시들시들해졌다. 혼자서 경주에 있다는 사실이 두려워졌다. 업무에 복귀하지 못하고, 오랜 시간 자리를 비우는 게 미안해서 일도 그만두었다. 괜찮으니 다시 생각해보자는 선생님의 목소리에는 곤혹스러운 기색이 가득했다. 마음이 아팠다. 무수한 말이 목구멍까지 치밀어 올랐지만 참았다. 김해로 돌아와 유명하다는 한의원에서 침과 뜸 치료를 받았다. 부모님의 정성 어린 간호 덕분에 몸은 빠른 속도로 좋아졌지만 실패자라는 낙인을 매일 스스로에게 찍어댔다.

마음의 상처는 깊어져만 갔다. 곁에서 지켜보던 언니가 백일 출가를 권했다. 처음에는 망설이고 주저했지만 백일에 백일을 더한 시간 동안 나의 아픔과 직면할 수 있었다. 내가 나를 안아주었다. 어디에서 어떤 모습으로든 살아갈 수 있는 용기를 얻었다.

경주, 여전히 좋아합니다

누군가와 함께하는 경주는 따뜻하다. 차 한 잔 앞에 두고 이야기 나눌 수 있는 다정한 연인이 생긴 2011년 가을의 기림사. 절 안 곳곳을 밝게 물들인 노란빛의 은행나무. 나무 아래 햇살도 그 사람의 미소처럼 따뜻했다. 남편과 나는 문화재학과 선후배 사이였다. 한 학번 차이라서 내가 입학하기 전에 군대에 갔고, 4학년 때 잠시 학교 박물관에서 같이 지냈다. 세상 두려울 게 없는 복학생 선배에게 잔소리하는 기 센 후배. 우리 둘 사이를 한마디로 표현하면 딱 이런 이미지였다. 생일 선물이라며 무심하게 챙겨 준 목도리가 마음에 들어 잃어버리기 전까지 꽤 오랫동안 하고 다녔던 것과 내가 아끼던 우산을 가지고 서로 장난치다가 부러뜨린 것도 추억이라면 추억이랄까? 기껏 경주박물관까지 찾아와서는 달랑 자판기 음료수 하나 뽑아 주고 가 버렸지만 힘내라고 말하던 다정하고 기분 좋은 목소리는 계속 귓가를 맴돌았다. 텅 빈 벤치를 볼 때면 기 다리를 쭉 뻗고 앉아 있던 선배가 떠오르곤 했지만 혼자 간직했던 마음이었다. 가끔 김해 부모님 댁에 내려간 주말이면 근처 발굴 현장에서 일하던 선배와 만났다. 장유 카페거리에서 유명한 곳을 찾아다니며 같이 차를 마셨다. 만남이 자연스러워질 무렵 용기 내준 선배 덕분에 우리는 다가오는 결혼기념일이 11주년인지 12주년인지 함께 세어 보는 부부가 되었다. 막내딸 결혼이 평생소원이라던 아빠의 바람도 이뤄드릴 수 있었다. 나보다 더 나를 응원해 주고 걱정해 주시는 어머님과 고생이 많다며 다정하게 손잡아 주시는 아버님, 누구보다 서로의 마음을 이해하는 여동생 같은 아가씨도 만났다. 무엇보다 우리를 닮았지만, 우리보다 훌륭한 딸과 아들이 생겼다.

남편은 사진 찍는 것을 좋아한다. 아이를 안고 다닐 때도 카메라를 손에서 놓지 않는다. 덕분에 아이들에겐 아빠가 찍어 준 사진이 많다. 경주에서 찍은 사진 속 아이들의 모습은 더 자연스럽고 밝게 빛나는 것 같다. 아이들과 함께하는 경주는 반가움의 연속이다. 거리에서 파는 아이스크림, 쉬어 갈 수 있는 벤치도 반갑다. 무엇보다 반가운 건 국립경주박물관에 마련된 어린이박물관이다. 놀이를 통해 신라의 역사를 이해하고 체험해 볼 수 있는 훌륭한 공간이다. 혼자일 때, 누군가와 함께일 때 늘 새로운 모습으로 다가오는 경주가 좋다. 우리 아이들도 경주에서 꿈꾸고, 우정을 키워 나가기를 바란다. 내가 걷던 길을 걸으며 위로받고, 함께 웃던 장소에서 용기를 얻었으면 한다.

나지막한 동산처럼 자리한 무덤들 사이를 거닌다. 이미 떠난 이들의 삶 위에 나의 발자취를 더하는 기분이다. 경주의 밤은 유독 아름답다. 월지에 드리운 달빛에 스며든다. 연꽃 향기 그윽한 길을 따라 첨성대에 이른다. 밤

바람이 쓸쓸한 첨성대 주변을 맴돈다. 여기에서 바라보던 신라의 달밤은 어 떠했을지 가만히 그려 본다. 마주 잡은 손이 따스하다. 다시 경주에 왔다.

덕질부록

잠시 쉬어가고 싶다면 '경주의 숲'으로

계림

첨성대에서 월성까지 이어진 넓은 길을 걷다 보면 오른쪽에 '계림' 입구가 나온다. 신라 건국 당시부터 있었다고 전해지는 신성한 숲으로 경주 김씨의 시조인 김알지의 탄생 설화를 품고 있는 역사적인 장소다. 안내판만 슬쩍 보고 발길을 돌리는 사람이 대부분이지만 계림은 머무는 이에게 고요와 평온함을 내어 주는 근사한 곳이다. 특히 맥문동이 활짝 피는 여름날, 계림을 방문한다면 천 년의 시간을 머금고 뿌리 내린 나무들 사이로 보랏빛 물결이 바람에 일렁이는 장관과 마주할 수 있다. 경북 경주시 교동 1번지. 사적 제19호. 무료입장.

삼릉숲

경주 남산 서쪽 기슭에 세 개의 왕릉이 나란히 자리하고 있어 '삼릉'이라고 한다. 신라 8대 아달라왕, 53대 신덕왕, 54대 경명왕의 무덤이라고 전해진다. 배병우 작가의 소나무 사진 촬영지로 알려지면서 사진작가들의 사랑을 받는 장소가 되었다. 삼릉숲에 들어서면 무수히 많은 소나무 병사가 왕의 무덤을 호위

하는 듯하다. 서로에게 의지해 적과 맞서 싸우는 모습 같기도 하고, 위험으로부터 나를 보호해 주며 길을 터서 안내해 주는 모습 같기도 하다. 안개 낀 이른 새벽, 삼릉숲을 거닐다 보면 신비롭고 몽환적인 분위기가 더해져 다른 세상에 와 닿은 기분이 든다. 경북 경주시 배동 산 73-1번지. 사적 제219호. 무료입장.

경북천년숲정원

본래 '경상북도산림환경연구원'에서 연구 목적으로 다양한 수목 자원을 식재하고 관리하던 장소였다. 2023년 경상북도에서는 처음으로 지자체가 조성하고 관리하는 국가 정원으로 지정되어 시민에게 개방되었다. '경북천년숲정원'으로 불리고 있으며, 특히 거울 숲에 위치한 외나무다리가 사진 명소다. 숲을 가로지르는 개울물을 따라 하늘을 찌를 듯이 쭉쭉 뻗어 올라간 메타세쿼이아가 일렬로 줄지어진 모습이 낭만적이다. 분재원, 서라벌 정원, 버들못 정원 등으로 꾸며진 정원을 걸으며 다양한 꽃과 나무를 통해 계절의 변화를 즐길 수 있다. 경북 경주시 남산동 737-3번지. 무료입장.

#필사

신지은의 필사
: 손으로 숨을 쉬다

신지은

첫째 아이의 장애를 보살피기 위해 온 힘을 다했다.
내게 찾아온 두 번의 암 투병은 인생을 송두리째 흔들었다.
악착같이 버티는 나를 비웃기라도 하듯 찾아온 소리 공포증에
자존감은 뿌리째 뽑히고 평범한 일상을 빼앗겼다.
'오랜 사람'이고 싶었으나 인연들은 내게 상처를 남기고 멀어졌다.
타인에게는 진심이었으나 자신에게는 잔인했고 솔직하지 못했다.
함께 그려 왔던 세월만큼 상처는 크고, 깊고, 흔적은 오래 남았다.
흔적은 소리를 잡아먹고, 더 큰 상처를 냈다.
흔적을 덮기 위해 미친 듯이 책을 읽고 따라 적었다.
우물 밑바닥을 기어다니던 나를 비추던 빛.
'필사'는 그때의 나를 살게 해준 '숨'이었다.

○

손으로
숨을 쉬다

괜히 마음이 바쁘다. 별다른 것 없는 일상이지만 일단 써야 마음이 편해진다. 언제부터 이런 사람이 되어 버린 걸까? 장애 아이를 키우며 몸에 밴 '해야 한다.'라는 강박도 한몫하는 거겠지. 그럴 때마다 생각나는 건 하나밖에 없다. '메모'. 아무리 단순한 일이라도 일단 써 두어야 한다. 고작 아이의 일정을 정리하는 것뿐인데 다이어리에 쓰는 것만으로도 마음이 놓인다. 언제부터 이런 사람이 되어 버린 걸까? 내게 친구라고 해봐야 두 명뿐이었다. 큰아이가 7살 때 같은 장애 아이의 엄마로서 만난 S는 한없이 따스한 사람이다. 지금도 시간이 나면 여행을 같이 다닐 만큼 편하고 장단이 잘 맞는 사이다. 다른 한 명은 중학교 2학년 때부터 함께한 R이다. 학교 다닐 때 글 쓰는 것을 좋아한다는 공통점으로 친해졌다. 우린 서로 볼 꼴 못 볼 꼴 다 보고 싸우면서 학창 시절을 함께 보냈다. 서로 집에 왕래도 잦았고 거리낌 없이 지내 왔다. R의 남편과도 친했기에 결혼할 때 자처해서 결혼식 들러리도 섰다.

R이 첫딸을 낳았을 때 내 아이를 본 것처럼 진심으로 축하해 주었다. R에게 좋은 일이 생기면 내 상황이 어떻든 진심으로 기뻤다. 삐걱거림의 시작은 R의 습관적인 약속 펑크였다. '사정이 있겠지.' 이해하며 좋게 넘어간 게 문제였다. 시간이 지날수록 일방적으로 약속을 어기는 경우가 잦아졌다. 자신이 필요한 순간에만 감정 쓰레기통으로 쓰기 위해 나를 찾았다. 오랜 세월 그런 일들이 반복되고 지겨운 핑곗거리만 쌓여 갔다. 만나기로 한 시간이 지나도 나오지 않는 건 기본이 되었다. 왜 연락조차 없었는지 물어보면 답이 없거나 얼렁뚱땅 급한 일이 있었다며 넘어가기 일쑤였다. '다음엔 약속 지키겠지, 다음엔 괜찮을 거야, 다음엔…. 다음엔….'이라는 단어로 20년 넘는 세월이 지나갔다. 그런데도 친구 사이를 유지할 수 있었던 건 무엇을 하던 사람을 이용하는 일만은 하지 않을 거라는 믿음이 있었기 때문이다.

2011년, 결혼 4년 만에 시험관으로 힘들게 임신했다. 배 속에 들어설 때부터 약했던 아이를 지키기 위해 노력하던 시기였다. 우리 집은 복도식 아파트였고 공동 현관문이 없었기에 이상한 사람이 많이 들락거렸다. 우리 집도 문을 두드리는 횟수가 적지 않았다. 하루에 서너 번씩 문을 두드려 댔고 막무가내로 집에 쳐들어오는 짓도 서슴지 않았다. 이대로는 견디지 못할 것 같아서 R에게 도움을 청했다. 네가 배우고 있다는 교리를 나도 배워 보고 싶다고 말했더니 R이 한 사람을 소개해 줬다. 그때는 R이 이상한 곳에 들어가 있다는 걸 몰랐기에 거부감 없이 받아들였다. 수업을 받으면서도 교리를 가르치려고 집까지 방문한다는 게 이상했으나 R이 소개해 준 사람이니 괜찮을 거로 생각했다. 그러나 시도 때도 없는 초인종 소리와 문을 두들겨 대는 종교 단체 사람들의 막무가내 집안 침입으로 인해 정신적으로 힘들었다. 산모가 받았던 스트레스는 약했던 아이에게 고스란히 전해졌고 결국 유산하고 말았다.

아이 잃은 마음을 추슬러 가던 중에 맞이한 수업 날, 선생님은 유산한 것도 다 뜻이 있는 거라며 이상한 말을 했다. 자신이 믿는 것과 유산한 아이를 연결하는 것이 불쾌하다 했으나 아랑곳하지 않고 끝까지 수업을 이어 나갔다. 선생님 말씀이 좀 이상하다며 R에게 자초지종을 설명하고 수업을 관뒀다. 그 일이 있고 한참 뒤에서야 R이 이상한 곳에 다닌다는 걸 알았으나 아무 말도 하지 않았다. 이미 시간이 꽤 지난 후였고, 일부러 유산의 상처를 들춰서 이야기하고 싶지 않았다. 그때부터 마음이 삐걱대고 있음을 알았지만, 오랜 시간 알아 온 정을 뿌리칠 수 없었다. 그 이후로 한 번의 유산을 더 겪었지만 부단한 노력 끝에 내게도 아이가 왔다. R과의 사이도 한 번씩 흔들렸지만, 그럭저럭 10년의 세월이 지나갔다.

2022년 초반 추운 겨울, 종양 치료로 인해 피폐해진 몸을 추슬러 가는 시기였다. R과 만나기로 약속한 날, 지인과 함께 친해지면 좋겠다는 생각에 만나 볼 의향이 있냐고 의견을 물었다. 흔쾌히 알겠다고 해서 함께 만났고 이후 지인과도 잘 지내는 듯싶었다. 다른 약속은 핑계를 대며 넘어가도 괜찮았다. 뻔히 다 아는 사이고 무슨 일이 생기면 건너서 입을 통해 알게 된다는 걸 R도 모르지 않았다. 다른 사람들에게 밸도 없이 다 퍼주다가 큰코다친다며 잔소리를 들어도 그럴 애는 아니라 믿었다. 나중에야 R이 내 지인에게 무슨 행동을 했는지 알았다. 지인은 R에게 따로 연락이 와서 둘이 만났고, 자신이 다니는 곳에 가 보지 않겠냐고 운을 뗐지만 거절했다며 내게 자초지종을 설명했다. R이 자신의 이익을 위해 다른 사람을 끌어들이지 않았다면 배신감까지는 느끼지 않았을 거다. 어떻게 아이를 유산했는지도 알고, 왜 그냥 넘어갔는지도 알 거로 생각했다. 아픈 세월을 겪으면서도 끝까지 믿었던 친구는 내게 한 것도 모자라 서로 친해지자며 소개해 준 사람까지 자신의 이익 때문에 끌어들였다. 머릿속이 배신감으로 가득 차서 머리카락까지 쭈뼛쭈뼛 서는 기분이었다.

'내 귀에 안 들어올 거로 생각한 걸까?', '아니면 바보로 아는 걸까?' 별별 생각이 다 들었다. 시간을 주면 먼저 말을 꺼내고 미안하다고 할 줄 알았다. 아무리 시간이 흘러도 모르는 척이었다. 아무 일 없는 듯 대화를 하고 아무렇지 않게 같이 밥을 먹었다. 꽤 긴 시간을 기다렸으나 R은 한마디도 하지 않았다. 끝까지 모르쇠로 일관하며 아무렇지 않게 나와 대화를 했다. '말하지 않으면 모를 거로 생각하는 걸까?' 끝까지 이야기하지 않는 뻔뻔함이 싫었다. 꼬리에 꼬리를 무는 것이 사람의 입이고 언젠가는 진실이 드러나는 법인데 도대체 왜 그랬는지 이해할 수 없었다. 마음에 고드름이라도 달고 있는 기분이었다. 이미 마음이 떠난 이에게 물어볼 수 있는 건 하나밖에 없었다. "너한테 내가 친구이긴 했니?"라고 물을 때조차 허탈해서 웃었다. 그 정도 수준의 친구였음을 깨달았다. 애초에 마음이 그것밖에 안 되는데 왜 그것밖에 안 되냐고 되묻는 꼴이다. 그 사람과 친구라는 이름을 이어 온 이유는 오랜 사람으로 있어 주길 바라는 마음도 컸었다. 오랜 바람은 차가운 말 한마디로 끝나 버렸다. 함께한 세월이 길었기에 마음도 몸도 아팠다. 마음의 병은 몸으로도 이어진다고 했던가? 수액과 해열제를 아무리 맞아도 열은 며칠 동안 내 몸을 괴롭혔다. 열병을 앓고 난 뒤 아무 말도 하지 않은 채 R과의 연락을 끊었다.

  많은 이별을 겪었다. 마음에 쓸쓸함과 그리움을 남기며 사람들과 이별했다. 사랑하는, 사랑했던 이들은 아픈 이름만 남기고 곁을 떠났다. 초등학교 입학 이후 말더듬이로 3년 내내 반에서 따돌림을 당했다. 홀로 지내 오던 외로움 속에 친구가 되어 준 단짝은 함께 겪은 교통사고로 세상을 떠났다. 친구의 죽음은 발목에 칼날 모양 상처와 국화꽃만 남겼다. 하나뿐인 단짝의 부재로 다시 시작된 아이들의 괴롭힘과 차가운 시선은 아물지 않는 흉터로 남았다. 단짝 친구와 지냈던 두 계절이 유일하게 좋은 기억으로 남았다. 고등학교 때 만난 첫사랑은 몸이 아팠다는 사실을 내게 숨겼다. 끝까지 진실을 알리지 않은 채, 8개월이라는 짧고 깊은 추억만 남기고 세상을 떠났다. 친언니처럼 각별했던 사람은 묵주 반지 하나 남겨놓고 세상을 등지며 시커먼 멍으로 남았다. 오랜 사람으로 남을 줄 알았던 친구는 이름마저 마음에서 지웠다.

  어느 것 하나 아프지 않은 이가 없었다. 무엇 하나 소중하지 않았던 적이 없었다. 오랜 친구일 줄 알았던 사람에 대한 미움을 어떻게든 지우려 노력했다. 연락을 끊고 조금씩 안정을 찾아갈 즈음, 1년 만에 저장되지 않은 번호로 문자가 왔다. 뜬금없이 잘 지내냐고 인사를 건넨다. 누구냐고 물으니 R이라고 했다. 연락을 말없이 끊었을 때는 이유가 있다는 걸 모르지 않을 텐데 왜 연락했냐고 물으니 미안하다고 말했다. 미안함이라고는 한 점도 담겨 있지 않은 R의 목소리에 기어코 화를 내고 말았다. 지금껏 참아온 말을 해야겠다는 생각이 들었다. R과의 인연을 완전히 끊을 수 있는 말은 하나뿐이라 생각했다. "네 남편한테 가서 네가 무슨 행동까지 했는지 이야기해도 되지?" 이 한마디에 R은 입을 닫았다. 한 번만 더 연락하면 쫓아가서 네 남편한테 말할 테니 내 눈에 띄지 말라며 소리쳤다. 악에 받쳐 쏟아냈는데도 마음에 찌꺼기가 남았나 보다. 몸은 화병이라도 난 것처럼 체온이 39도를 웃돌며 아팠다. 그 일이 있고 얼마 지나지 않아 제주도로 가족 여행을 갔었다. 여행 이후 소리 공포증이 왔고 두려움만 남았다. 내 소리 공포증의 첫 가해자는 20년 넘도록 친구라 여겨온 사람의 뻔뻔함이었다. 여전히 똑같은 말투를 듣고 있으려니 감정 쓰레기통이 필요했을 뿐이란 걸 바보 같은 나라도 알 것 같았다. 미안한 기색이라고는 눈 씻고 찾으려야 찾을 수 없다는 게 다행이었다. 나도 날 안다. 미안한 기색이 있었다면 또 믿었을 거다. 그 사람은 역시 가해자답다는 생각이 들었다. R에게 마음을 온전히 다했기에 미련도 없었고, 더는 생각할 이유도 없었다.

소리 공포증은 어쩌면 나쁜 소리에 더는 아파하지 않으려는 몸의 반응이었을지도 모른다. 이제는 아프고 싫은 소리 듣지 말라는 신의 배려였는지도 모른다. 일상적인 큰 소리가 두려움으로 바뀌면서 귀마개 없이는 밖을 나갈 수 없게 되었다. 큰 소리가 나면 저절로 눈이 감기고 손이 귀를 막아 보지만, 입술이 파르르 떨리는 것까지 숨기지는 못했다. 귀마개와 한 몸이 되고 나니 생활의 자유를 빼앗겼다. 아이들과 평범한 일상을 누리지 못하게 되었다. 마지막 탈출구였던 성당조차 갈 수 없는 장소가 되었다.

귀마개를 끼고부터 미친 사람으로 살았다. 자동차를 타는 것도, 전철을 타는 것도, 길을 걸어가는 것도, 집 밖으로 나가는 모든 순간이 두려움이 되었다. 불에 덴 듯 심장이 뛰고, 식은땀이 흐르고, 몸과 손이 부들부들 떨렸다. 그대로 동상이 된 것처럼 주저앉아 굳어 버렸다. 어리둥절 바라보는 시선들을 피해 가쁜 숨을 내쉬며 억지로 몸을 일으켜 집으로 향했다. 소리로부터 도망가기 위해 집 밖으로 나가는 것을 멈췄다. 마음을 기대보려 미사에 참여해 보려 했으나 피아노 소리, 찬송가와 신부님의 마이크 소리는 건물이 무너져 내리는 것처럼 무서웠다. 떨리는 몸과 샤워하듯 흐르는 식은땀을 견디지 못하고 성당 가는 것을 포기했다. 하루 24시간이 1년 365일보다 길게 느껴졌다. 이놈의 하루는 도대체 언제 지나가나 창밖만 쳐다보며 살았다. 태연한 척, 아무것도 아닌 척, 마음도 괜찮은 척. 매일 그렇게 '척'을 하며 살다 보니 감정을 드러내는 방법을 잊었다. 웃어야 한다는 강박감이 마음을 독차지하고 자유 없이 움직이는 내가 되었다.

남편과 친구에게도 드러내지 못한 감정을 흘려보낼 수 있었던 유일한 탈출구는 독서와 필사였다. 필사의 첫 시작은 네이버 밴드였다. 눈에 띄는 필사 밴드란 밴드는 모두 가입했다. 아이들을 학교에 보내고 난 뒤부터 온종일 필사하며 인증하기를 반복했다. 천주교라 세례도 받았고 써 가는 동안 위로라도 되길 바라는 마음으로 성경을 필사했다. 성경 필사를 하면서 지금도 유일하게 기억하는 문장은 '행복하여라, 슬퍼하는 사람들! 그들은 위로를 받을 것이다.' 한 마디였다. 영어라고는 1도 모르는 영어 바보가 몸 하나 혹사하기 위해 영어책도 마다하지 않았다. 아무 의미도 없이 영어 어원 365일 책을 필사했다. 밴드 인증으로 한 페이지씩 열심히 써 내려갔다. 살겠다는 마음조차 끊어 버릴 것 같았던 내가 잡을 수 있는 유일한 지푸라기는 필사였다. 돌멩이에 기대어서라도 우물 밑바닥에서 올라오고 싶었다. 책을 읽는 동안만큼은 마음이 쉴 수 있었다. 필사는 누군가가 뻗어준 단단한 손 같았다. 미친 듯이 들려오는 소리를 잊기 위해, 살기 위해 선택한 것이 필사였다. 매일 몇 시간을 쉬지 않고 써 내려갔다. 물집이 올라오고 터지기를 반복하더니 오른손 중지는 붉은 굳은살이 박이고 새끼손가락 관절은 휘었다. 원래도 염증을 달고 살던 손목은 약물치료가 되지 않을 만큼 처참했다. 그래도 집 밖으로 나가기 위해, 소리라는 어둠을 벗어나기 위해 선택한 독서와 필사는 신이 내게 주는 구원 같았다.

 필사로 문장을 쌓아가는 동안 조금씩 바깥세상의 소리가 집 안으로 들어오는 것에 익숙해졌다. 최소한 집에서 창문은 열고 살 수 있게 되었다. 텔레비전을 귀마개 없이 볼 수 있게 되었다. 물론 갑작스레 들려오는 큰 소리는 나도 어쩔 수 없었지만, 그럴 때마다 필사만이 살길이라며 펜을 들었다. 밑바닥을 완전히 벗어날 수 없을지라도 언젠가 한 줌 햇살이 비출 날이 올 거라 믿었다. 미친 듯이 필사를 하다 보면 새벽 2~3시도 금방이었다. 수면제를 먹고라도 잘 수 있으면 감사했다. 뭐라도 움직일 수 있게 해주니 고마운 일이라 여겼다. 목을 조르듯이 다가오는 숨 막히는 공기라도 마실 수 있게 해주니 살 것 같았다. 손이 움직이고 눈에 빛이 나게 해주니 감사했다. 전혀 관리하지 않은 몸은 80킬로를 넘겼다. 망가진 몸과 마음에 대인기피증과 우울증은 덤으로 얻은 인생이 되었다. 오른쪽 손목은 필사로 인해 염증으로 너덜너덜해져서 수술대에 올랐다. 왼손으로 집 안 청소를 하고 치우면서 잡생각을 버렸다. 오른손에 손목 보호대를 하고 몇 글자라도 써 내려갈 힘만 있으면 필사를 했다. 내가 숨 쉬는 방법이 그것뿐이었던 거고, 폐허에 가까운 마음을 더는 우물 밑바닥에 찍고 싶지 않았을 뿐이다. 자신을 사랑하지는 못하더라도 미워하지는 말자 다짐해도 열병을 가져오길 여러 번 반복했다. 사람 만나는 것과 햇볕을 쬐는 것도 사치라 여기며 큰아이의 일정 말고는 밖에 나가지 않았다. 손이 움직여지면 책을 읽고 필사하는 것 이외에는 생각할 수 없었다. 사람을 싫어하는 시간만큼 거울로 보이는 내 얼굴이 밉고 보기 싫었다. 정신없이 쓰는 것에 매달리며 손을 움직였다.

어쩌면 마음이 더 망가지기 전에 누구라도 좋으니 날 좀 살려달라고 구조 메시지를 보내고 있었는지도 모른다. 필사로 노트를 몇 개나 가득 채웠다. 밴드를 타고 올라가며 무작정 가입하고 인증하는 것으로 혼자 있는 시간을 보냈다. 다른 누군가에게 마음을 여는 것조차 사치라고 여겼던 시간이다. 해온 일에 대해 후회는 없었다. 필사는 마음을 지키기 위해 붙잡고 있던 유일한 동아줄이었다. 큰 소리를 조금이라도 방어하기 위해 귀마개를 생각했듯이 낭떠러지까지 떠밀린 마음이 끝을 향하지 않기 위해 탈출구가 필요했다. 귀마개는 공포를 조금 막아 줄 뿐이지 마음까지 돌봐 주지 않으니까. 내가 살기 위해 시작한 필사는 숨을 쉬기 위한 산소 호흡기 같은 거였다. 한 번만이라도 자신을 위한 시간을 가졌더라면 몸을 혹사하지는 않아도 되었다. 시간이 지나고 나서야 텅 빈 마음을 돌보지 않았다는 걸 알았다. 오래갈 거라 믿었던 인연이 등을 지고 나서야 조금은 생각하게 되었다. 그제야 돌아보지 못했던 내 시간을 위로하고 싶어졌다. 누군가를 믿은 것에 대한 후회는 없지만, 자신을 아끼지 않은 것이 미련으로 남았다.

　아픔을 잊기 위한, 자신을 돌보기 위한 침묵의 시간이 필요했다. 혼자만의 공간에서 무언가 집중하며 하루를 보낼 것이 있어야 살 수 있을 것 같았다. 책 한 권을 읽는데 두 달을 붙들고 앉아 있었다. 책을 읽고, 단어를 빼먹으며, 글씨를 쓰는 동안에는 삶을 포기하지 않을 수 있었다. 책을 읽고 내 이야기를 어떤 방식으로든 책에 이야기하는 방식으로 침묵했다. 그것이 나의 '숨'이었던 필사의 끝맺음이었다. 많은 사람을 만났고 그만큼 이별을 겪었다. 그들을 사랑한 시간이 아까운 게 아니다. 아프게 모진 말로 헤어진 인연도 후회하지 않는다. 아팠던 만큼 자존감은 무너지고 미움이 쌓였다. 증오와 분노라도 풀어내고 싶었다. 그때보다 미워하는 일은 없겠지만 '괜찮다'라고도 쓸 수 없었다. 그래도 시간이 한참 지난 후에는 미워하지 않는다고 말할 수 있을 거라 믿는다. 한때의 추억으로 넣을 수 있게 되었다고 이야기할 수 있을 거라 믿는다.

 나를 살게 해주던 필사는 침묵의 시간을 거치며 글쓰기가 되었다.『지은이에게』는 무너졌던 마음을 일으켜 주었고,『유서를 쓰고 밥을 짓는다』에 쓰여 있던 "죽음을 앞에 두고 진실하지 않을 사람은 없다."라는 문장은 나의 결심을 단단하게 지탱해 주었다. 타인의 문장에 답하며 나의 이야기를 쓰는 법을 배웠다. 다른 이들을 향한 마음은 진심이었지만 자신에게는 잔인했던 상처였다. 괜찮은 척, 아무렇지 않은 척했던 나에게도 웃어 주기로 했다. 이젠 자신에게 '햇살' 비추는 법을 알았으니. 이야기의 시작은 필사였지만 이제 나의 '숨'은 '씀'이 되었다.

덕질부록

필사의 역사

고대 이집트에서는 파피루스에 갈대나 새 깃털 펜으로 글을 써서 권자본(卷子本, 두루마리)을 만들었으며 수서(手書)를 업으로 하는 사자생(寫字生, scribe)이 존재했다. 인쇄술이 상용화되기 전까지는 일일이 손으로 직접 베껴 써야만 했다. 어찌나 힘든 작업이었는지 수도원의 고행 과정에도 성서 필사가 있었을 정도다. 동양에서도 불경을 필사하는 사경이 공덕 행위의 일종으로 권장되었다. 중국에서 비롯된 제지법이 지중해 연안의 여러 나라에 전해진 후에도 필사본의 출판 형식이 이어졌고 활자 인쇄본이 나오게 된 후에도 끊이지 않았다. 2세기 초에 제지법을 완성한 중국에서는 그때까지 대나무 등을 재료로 하였던 간책(簡冊)의 원본을 종이에 옮겨 써서 책을 만드는 필사본 제작이 성행하였으며, 목판 인쇄술이 이루어진 후에도 필사본의 전통은 끊이지 않았다.

필사의 효능

전자 기기에 길들여진 현대인에게 필사는 선택이 아니라 필수라 할 만하다. 필사를 하면 집중력이 높아지고, 기억력과 이해력이 좋아진다. 사고력과 문장력이 향상되며 어휘가 넓어지고 문장에 익숙해지며 언어 능력이 발달한다. 전문가들은 서술된 문장을 베껴 쓰는 과정에서 글을 쓰는 방식과 생각을 이해하게 된다고 말한다. 소설가 조정래는 '소설을 베껴 쓰는 것은 백번 읽는 것보다 나은 일'이라고 표현한 바 있다. 스트레스 해소와 마음의 안정은 무시할 수 없는 보너스다.

필사 방법

필사의 목적을 명확히 할 것 : 기억력 향상, 글쓰기 능력 향상, 감정 정리 등

텍스트 선정에 신중할 것 : 타인을 기준 삼지 않고 자신의 필요와 목표에 맞는 책 고르기

필사에 집중할 수 있는 환경을 만들고 시간을 정해 매일 꾸준히 쓰기

필사는 손으로 하는 명상 : 천천히, 정확하게, 문장을 음미하며 쓰기

의미 이해하기 : 문장의 의미를 헤아리며 자신의 의견이나 느낌을 추가해 보기

필사를 권하며

필사는 어떤 형태로든 자신만의 흔적을 남길 수 있게 해준다.

문장을 이해하면서 깊이 생각할 수 있고 천천히 걸어갈 수 있는 마음을 준다.

손으로 쓰는 과정에서 자신의 마음을 다스리는 데 도움을 준다.

: 손으로 숨을 쉬다

필사하기 좋은 책 추천

『지은이에게』, 김민

『미안하지만, 오늘은 내 인생이 먼저예요』, 이진이

『그대 늙어가는 것이 아니라 익어가는 것이다』, 오평선

『니체의 자존감 수업』, 사이토 다카시

일본어

정경선의 일본어
: 도대체 얼마나 더 좋아해야 되는데요

정경선

일본어를 좋아하는 한국어 강사
*마치즈쿠리에 관심이 많은 연구원
번역가·작가를 꿈꾸는 1인 출판사 대표

동일본대지진 발생 직후 워킹홀리데이로 무작정 일본으로 떠났다.
도쿄대학교 건축학 석사 학위 취득 후 국내 정부출연연구기관에서 근무했다.
바른번역 글밥 아카데미에서 일어출판번역 과정을 수료했고
1인 출판사를 차려 번역서와 개인 저서를 준비하고 있다.

*마치즈쿠리(まちづくり) 쇠퇴 지역의 활성화를 통한 마을 재생

○

도대체 얼마나 더
좋아해야 되는데요

あとどれくらい好きになればいいのか

너를 만나 버렸다 君に出会ってしまった

중학교 2학년 여름 방학이 끝날 무렵 '아시아 롤러스케이팅 선수권 대회'가 열렸다. 스피드, 피겨, 하키 세 종목에 14개국 300여 명이 참가하는 대회였다. 구경거리가 드문 지방 소도시라 수업을 마치자마자 대회가 열리는 남대천 고수부지로 달려갔다. 푸른 하늘 아래 초록빛 경기장에서 유니폼을 입은 남자들이 뒤엉켜 날렵하게 스틱을 휘두르고 있었다. 구슬땀을 흘리는 선수 중에 유독 눈에 들어오는 남자가 있었다. 등번호 8번. 이름은 이토 켄. 키는 180cm쯤 될까? 날씬하고 다부진 체격에 갸름한 얼굴이 새까맣게 그을려 있었다. 짙은 눈썹을 찌푸릴 때마다 활력과 싱그러움이 느껴졌다.

무슨 용기였을까? 경기가 끝나고 선수들이 천막 밑 의자에 앉아 쉬고 있을 때 같이 사진을 찍자고 부탁했다. 응원의 마음을 전하고 싶어 "Do your best!"라고 말했지만 통하지 않았다. 발음이 이상했나 싶어 노트에 적어 주었지만 어리둥절한 표정이었다. 다음 날도 친구들과 경기장에 찾아가 목이

쉬도록 응원했다. 다른 일본, 대만 선수들과 사진도 찍고 종이에 사인도 받았지만 본심은 오직 한 사람이었다. 마침내 오른팔에 이토 켄 선수의 사인을 받았을 때의 기쁨이란! 혹시라도 지워질까 얼마나 조심했는지 모른다.

마지막 경기가 열리던 날에는 대만 선수에게 빠진 친구와 함께 선수 숙소인 현대호텔까지 찾아가 종일 어슬렁거렸지만 결국 그를 만날 순 없었다. 무슨 생각이었을까? 그에게 편지라도 쓰고 싶었던 걸까? 마음을 전하지 못한 아쉬움 때문이었을까? 수확 없이 돌아오는 길에 홀린 듯 서점에 들러 『독학 일본어 첫걸음』을 샀다. 시내에 한 곳뿐이던 일본어 학원에 가서 성인 대상 수업에 참석했지만 주눅만 잔뜩 든 채로 도망쳐 나왔다. 나의 짝사랑은 맥없이 막을 내렸지만, 나의 일본어 사랑은 그때부터 시작되었다.

그저 네가 좋아서 ただ君が好きで

우리 학교는 문·이과 모두 제2외국어가 독일어로 정해져 있었는데 우리 때부터 문과 애들은 일본어를 배우게 되었다. 이과를 선택한 게 어찌나 분하던지. 내가 '아베체데…' 독일어를 배울 때 문과 친구들이 '아이우에…' 외우는 소리를 들으면 열이 뻗쳤다. 왜 문과만 일본어를 배우냐고 선생님에게 따지고 싶었다. 복도에서 문과 애들이 일본어 배우기 싫다고 투덜대는 모습을 보면 약이 올랐다. 일본어를 배우고 싶은 나머지 잘 다니던 영·수 학원까지 그만두고 일본어 학원에 등록해 버렸다. 첫날 민준홍 선생님과 만났다. 키가 크고 날씬한 체형에 안경을 쓴, 일본 애니메이션에

자주 나오는 스타일이었다. '~것 같다(い형용사+そうだ)'를 배울 때 선생님이 일본에서 마음에 드는 여자에게 '귀여운 것 같다'고 말하고 싶었는데 "불쌍하다"로 잘못 전달됐다는 에피소드를 들려줬는데 지금도 문법을 가르칠 때 유용하게 써먹는 레퍼토리로 남았다. 〈Get Along Together〉, 〈미라이에未来へ〉 노랫말에 나오는 문법 표현을 배우며 입에 익숙해질 때까지 수없이 반복한 나머지 지금까지도 그때 배운 두 곡은 술술 나온다.

논두렁에 덩그러니 홀로 떨어져 방치된 건물, 월세는 10만 원, 주변에 아무도 사는 사람이 없는 집에 살고 계셔서 선생님 스스로 '귀신 집 おばけやしき'이라고 불렀는데 주말이면 첫 제자인 우리를 초대해서 같이 피자를 먹으며 놀곤 했다. '일일시호일 日日是好日' 같았던 1년이었다. 서울에 자격증 시험도 보러 다녀오고 점점 실력도 붙었다. 일본어를 배우는 시간이 너무나 재밌고 즐거웠지만 고3은 현실이었다. 대학 진학을 위해 학원을 그만둘 수밖에 없었다. 수능에서 일본어를 선택했고 높은 점수를 받았지만 이과에는 반영해 주는 곳이 거의 없었다. 마침 그때가 예능 〈러브하우스〉가 국민적 인기를 끌고 있을 때였다. 주거 환경을 바꿈으로써 인생이 달라지고 희망이 되는 걸 보며 새로운 꿈을 꾸게 되었다. 나도 몸이 불편한 엄마한테 최상의 주방을 선물해 주고 싶었다. 그러나 입학하자마자 학과장 교수님께 들은 첫마디가 "러브하우스 보고 온 애들 다 나가! 그런 거 아니야."였다.

가까스로 졸업까지는 버틸 수 있었다. 올림픽 경기장에 일본 건축가 반 시게루의 종이 박물관 Papertainer Museum이 생겨 다녀오기도 했다. 세계적

거장을 눈앞에서 보는 게 처음이라 감격했고 언젠가 그의 강의를 일본어로 알아듣고 싶었다. 건축 설계 수업을 들으면서도 마음은 일본에 가 있었다. 방학 때마다 일본어 학원에 다녔다. 배운 지 3개월밖에 안 된 수강생도 일본인 남친을 둔 덕에 술술 잘도 말하는데 나는 시작한 지 몇 년이 되어도 초급 수준을 벗어나지 못했다. "일본어 공부한 지 얼마나 됐어?"란 질문이 "너 취업은 어떻게 할 거니?"란 말보다 싫었다.

취업 준비를 위해 집 근처 카페에서 토익 공부를 하던 어느 늦여름이었다. 여느 때처럼 텀블러에 아이스 카페라테를 채우고 해커스토익 책을 펼쳐 들었다. 인터넷 강의를 들으며 끙끙대고 있는데 어디선가 반가운 일본어가 들렸다. 고개를 드니 창가 쪽 자리에 일본인 세 명이 차분한 느낌으로 이야기를 나누고 있었다. 나도 모르게 이어폰을 내려놓고 귀를 쫑긋하고 있었다. 일본어가 밥을 먹여 주지 않는다는 건 알고 있었다. 언어는 '수단'이지 '목표'가 되면 안 된다는 것도 알고 있었다. 취업이 먼저란 사실도 잘 알고 있었다. 그래서 휴학하고서도 차마 일본으로 떠나지 못했다. 하지만 세상의 잣대로, 타인의 기준으로 사는 대신 가슴 뛰는 삶을 살고 싶었다. 오랫동안 나의 꿈에 쌓여 있던 먼지를 털고 싶었다. 모 아니면 도, 아니겠는가. 두 눈 딱 감고 워킹홀리데이를 신청해 버렸다.

그 후 연락이 없어 까맣게 잊고 있었다. 한 커피 회사의 인테리어 팀에 들어간 지 2개월이 채 되지 않았을 때였다. 전무님께 팀에 더 이상 내가 필요 없으니 그만두거나, 회사에 남고 싶으면 전공과 관련 없는 부서로 옮기라는 선고를 받았다. 동기들과 마지막 인사를 나누고 눈물을 펑펑 흘리며 집으로 돌아왔다. 우편함에 운명처럼 워홀 합격 통지서가 꽂혀 있었다. 워킹홀리데이 심사에 통과했으니 비자를 발급받으러 오라는 내용이었다. 좌절할 틈이 없었다. 워홀 준비로 바빠졌다. 출국을 두 달 앞둔 2011년 3월 11일 동일본대지진이 일어났다. 한국 언론들은 당장 일본이란 나라가 망할 것처럼 말했지만 그때의 나를 막을 순 없었다.

네가 있는 곳에서 君がいる場所で

일본어능력시험 N3급(초·중급) 자격증이 있었지만, 말할 줄 아는 것과는 별개였다. 한국 음식점에서 아르바이트를 시작했지만 내부 문제로 일주일 만에 가게가 문을 닫았다. 편의점 야간 알바를 구했지만, 언어가 안 되다 보니 냉장고 안에 들어가 음료를 채우는 일을 주로 했다. 녹차 종류만 해도 얼마나 많은지. 제품명을 읽을 수 없어서 일일이 똑같은 그림을 찾아 진열해야만 했다. 게다가 일본 편의점은 한국 백화점 수준의 접객을 요구해서 "129엔짜리가 1개, 213엔짜리가 1개, 합계 1,161엔입니다."라고 상세하게 말해 줘야 했다. 100단위, 1,000단위 금액을 숫자로 말하는 게 익숙지 않아 손님이 버리고 간 영수증 종이를 집으로 가져와 연습하곤 했었다. 직원들이 하는 말도 못 알아듣겠고 일본어로 얘기하는 한국인들을 보면 질투심에 짜증도 났지만, 그래도 지금 내가 일본에 있고 이렇게 일본어를 배우고 있다는 사실 자체가 좋았기에 버틸 수 있었다. 밤 11시부터 다음 날 오전

: 도대체 얼마나 더 좋아해야 되는데요

8시까지 일하다 보니 새해가 되는 1월 1일 0시에도 냉장고 안에 있었다. 워킹홀리데이가 끝난 후엔 일본어 학교 비자로 바꿨고 평일 오전 9시부터 오후 1시까지는 어학교에 갔고 2시부터 자정까지는 학비를 벌기 위해 아르바이트를 했다.

내가 일하던 세븐일레븐은 신주쿠에 있었다. 손님이 어찌나 많은지 1시간 이상씩 줄을 서야 할 정도여서 새치기를 막기 위해 줄을 세우는 직원이 따로 있을 정도였다. 도쿄 최대의 환락가가 근처에 있었기에 질이 안 좋은 손님들도 많았다. 어느 날인가는 야쿠자처럼 보이는 손님이 거스름돈을 받은 적이 없다며 윽박질렀다. 소리를 지르니 무서웠고 손님이 밀려 있으니 공황이 왔다. 점장님을 불러 상황을 설명할 수도 없었고 화면을 확인하고 싶다는 표현도 하지 못했다. 나중에 알고 보니 명찰에 적힌 외국인 이름을 보고는 만만하게 여겨 진상을 피운 거였다. 그로 인해 하루 일당이 고스란히 날아갔지만 수업료를 낸 셈 치기로 했다.

편의점에는 소매치기도 많이 발생했다. 사무실 내에 소매치기 전과자 사진이 붙어 있고 이른바 블랙리스트 노트가 따로 있을 정도였다. 점장님과 시프트 리더들은 수시로 보며 얼굴을 익혔다. 어느 날인가 물건을 훔치려던 사람을 점장님이 힘으로 제압하더니 "정상, 110에 전화해!"라며 리더들이 목에 차고 있는 가게용 핸드폰을 나에게 던졌다. 한국에서도 112에 전화해 본 적도 없는 모범 시민이었는데 일본에서 처음 경찰서에 전화를 걸게 되다니! 계산대 위에 있던 영수증을 들고 떨리는 목소리로 편의점 주소를

말했다. 경찰은 지금 난폭하게 굴고 있는지 물었고, "아까는 그랬는데 지금은 점장님이 제압하고 있어서 괜찮다."고 어설픈 일본어로 대답했다. 경찰이 범인을 데리고 나간 후에야 일본어 학교에서 받았던 일본 생활 적응 오리엔테이션이 떠올랐다. "일본 경찰 번호가 110인데, '백십 ひゃくじゅう'으로 읽지 않고, '백열 번 ひゃくとおばん'이라고 특이하게 읽는다."고 알려주었었다. 당시에는 직접 써먹을 일이 있으리라고는 상상조차 하지 못했다. 온갖 일들을 겪었지만 그래도 조금씩이나마 일본어에 익숙해지는 것 같아 뿌듯했던 순간이었다.

아르바이트를 늦게까지 한 탓에 일본어 학교 지각이 잦았다. 결국 출석률 80%를 채우지 못해 어학교 연장이 어려워졌다. 비자는 2개월이 채 남지 않은 상황이었다. 생계형 유학생이었기에 2년 넘게 지내면서 여행 한번 다니지 못했는데 이대로 귀국해야 한다니 억울하고 눈앞이 캄캄했다. 그러던 차에 외국인 학생을 위한 대학원 '연구생' 제도가 있단 걸 알게 되었다. 정규 과정 학생이 되기 전, 입시 공부를 하면서 수업도 듣는 수습 과정 같은 개념으로 학생 비자가 나온다. 다행히 원서 마감까지 약 3주가 남아 있었다. 건축 전공자라면 누구나 한 번씩 꿈꿔보는 도쿄대 건축학과가 아니던가. 재능이 없어 학부를 6년 만에 겨우 졸업한 나에겐 얼토당토않은 꿈인 걸 알지만 밑져야 본전이라는 생각이었다. 떨어지면 미련 없이 귀국할 수 있을 것 같았다. '연구 계획서'라는 서류가 필요했는데, 한국 건축학과는 대부분 졸업 작품으로 심사하기 때문에 졸업 논문을 써 본 적이 없어 막막했

: 도대체 얼마나 더 좋아해야 되는데요

다. 어학교가 끝나면 아르바이트를 자정까지 하고 다시 피시방으로 달려가 밤을 새웠다. 입시 요강에 쓰여 있는 대로 한국 교수님 한 분께 추천서도 미리 우편으로 받아 두었다. 원서 마감 이틀 전에 서류를 제대로 준비한 건지 확인하러 대학교에 들렀다. 그런데 내가 지원하는 건축학과는 공통 서류 외 별도의 추가 서류가 있다는 청천벽력 같은 소리를 하는 것이 아닌가. 일반 추천서 외 지정 종이와 양식에 맞게 추천서를 두 명에게 받아 지정 봉투에 담아 함께 제출해야 한단다.

이미 수요일 5시, 내가 다녔던 학교에 아는 교수님이 한 분밖에 남지 않은 상황이었고 어찌어찌 다른 교수님에게 추천서를 받는다 해도 도저히 금요일까지 받을 수가 없는 상황이었다. 입학처에서 나와 카페에 들러 잠시 숨을 고르는데 눈물이 주룩주룩 흘렀다. 도전도 못 해보고 귀국해야 하는 건가? 무력감에 하늘을 바라보는데 눈앞에 펼쳐진 풍경은 또 너무나 아름다웠다. 늦가을 은행나무가 노랗게 물들고 바닥에도 은행잎이 수북이 쌓여 있었다. 절망 속에서도 이 아름다움을 한 번 더 보고 싶다는 생각이 들었다. 이대로 포기할 수는 없었다. 어떻게든 방법을 찾기로 했다. 우편보다 빠른 건 직접 다녀오는 것이라는 결론에 이르렀고 목요일 오후에 한국으로 날아가 추천서를 직접 받고 금요일 아침 일본에 도착해 기한 내에 제출했다. 어학교 선생님과 대학원 입학처 담당자는 내년에 넣으면 되지 굳이 이렇게까지 할 필요가 있냐고 이야기했다고 한다. 제출한다고 꼭 붙는 것도 아니었다. 담당 교수님 면담 결과도 봐야 하고 운이 좋아 연구생이 된다고 해도 유효기간은 고작 6개월, 어차피 입시 시험에 합격해야 석사 과정에 진학할 수 있으니까 말이다.

다행히 연구생 과정에 합격했다. 학교 정문을 통과할 때마다 믿기지 않았다. '내가 지금 바로 여기에 있다니….' 한 번뿐인 인생에서 다시는 오지 않을 기회였다. 학교 수업을 청강하며 입시 준비를 하고 아르바이트를 병행했다. 입시 시험을 위해 선배들의 조언을 들었다. 4시간 동안 이어지는 시험이기에 1초씩 아끼는 연습을 했다. 시험 도중 화장실에 가면 시간 소요는 물론이고 재입장이 어려울 수도 있다기에 시험 3주 전부터는 커피를 끊고 삼계탕처럼 따뜻하고 자극 없는 음식만 먹으며 컨디션을 관리했다. 6개월 뒤 나는 동경하는 건축가 안도 다다오가 만든 건물에서 수업을 듣게 되었다. 오랜 역사가 깃든 캠퍼스를 거닐며 행복했다. 한국어로도 못 알아들을 수업을 들으며 리포트를 쓰고 조별 과제를 하고 시험을 보며 학교-집-알바의 생활을 하는 사이 어느덧 2학년이 되었다. 한국인 선배의 소개로 한국 연구 기관의 일본 출장 통역을 할 기회가 생겼다. 보통 박사 과정 학생에게 제의가 오는데 석사 과정생인 내가 해낸 것이다. 감개무량했다. 중학교 때부터 짝사랑한 일본어, 만년 초급이었던 시기를 지나 아르바이트와 일본어 학교 등 현지에서 갈고닦은 세월을 보상받는 기분이었다.

석사 논문을 준비할 때는 6개월 동안 20kg이 쪘는데도 스스로 인지도 못했다. 마감이 임박해서는 에너지 드링크를 하루에 5~6캔씩 마셨다. 지하 실험실 바닥에서 잠깐 눈을 붙이고 다시 연구실 자리로 돌아가 논문을 썼다. 덕분에 야스다 강당 앞에서 졸업 사진을 남길 수 있었고 아름다운 은행나무를 두 번 더 볼 수 있었다. 하지만 취업과 박사 과정을 준비하려고 신청한 비자가 나오기도 전에 한국 직장에 취업이 되어 열흘 만에 급히 귀국길에 올라야 했다.

혼자 기대하고 혼자 상처받는다 勝手に期待して勝手に傷つく

한국에서 직장 생활을 하면서도 당장 내년에는 일본에 갈 수 있을 줄만 알았다. 박사 과정 교수님과 면담도 했고 이미 입시 시험에 합격한 상태라 석사 논문을 발표하고 면접만 보면 큰 이상 없이 진학할 수 있는 상황이었기 때문이다. 어차피 일본으로 갈 거니까 한국에서는 정규직이든 비정규직이든 크게 상관이 없었다. 그런데 이게 무슨 운명의 장난인가. 일에 치여 사느라 면접 날을 착각한 것이다. 봄 학기는 논문 발표와 면접을 따로, 가을 학기는 논문 발표와 면접을 같이 하는데 일정이 다른 걸 놓쳐 버린 것이다. 100% 내 잘못이라 하소연할 곳도 없었다. 자책감에 어찌할 바를 몰라 숨을 쉴 수가 없었다. 하는 수 없이 다음 해에 도전했지만 이번엔 일본인 학생에게 밀렸다. 우선순위를 갖기 위해서는 장학금이 필요했다. 일본 정부 장학금은 과거 거주 기간 제한으로 3년이 지난 후부터 신청할 수 있는데 그때가 되면 나이 제한으로 신청을 아예 못 하는 상황이었다. 한국 정부 장학금은 다행히 나이 제한이 없어서 요구하는 자격증을 따면서 준비했고 2년의 도전 끝에 최종 면접까지는 선발됐으나 장학금을 받지는 못했다.

박사 과정이 아니어도 어떻게든 일본에 가고 싶었고, 일본에 가지 못한다면 일본어 관련된 일이라도 해야 직성이 풀릴 것만 같았다. 지금까지 걸어온 길이 아깝지 않은 건 아니었지만 좋아하는 일을 하며 행복하게 살고 싶었다. 일한 번역 아카데미에도 다니고 국내에 있는 일본 관련 기관에는 죄다 서류를 넣었다. 면접에서도 지금까지의 공부가 아깝다는 소리를 들었다. 일본 정부가 추진하는 국제교류원은 물론 일본어를 사용하는 아르바이트마저 불합격, 일본은 계속 멀어져만 갔고 어느새 나는 마흔이 되었다. 이 정도면 일본이 나를 전면적으로 거부하는 거 아닌가 하는 기분도 든다. '여기에 일본을, 일본어를 너무 좋아하는 사람이 있다!'고 외치고 있는데, 나를 몰라주는 것 같아서 속이 상한다. 귀국한 지도 벌써 8년이 지났다. 20년 전으로 돌아가 다시 전공을 선택할 수 있다면, 그땐 주저 없이 일본어를 택하리라.

그래도 매년 일본에 갔다. 진학하고 싶은 연구실 교수님과의 면담, 학회 발표, 박사 과정 입학 면접, 석사 지도 교수님 퇴임 전 마지막 강의 등. 그러다 코로나가 터졌고 4년 만에야 일본에 갈 수 있었다. 센다이의 새파란 하늘 아래 건물 5~6층 높이는 될 은행나무들이 노랗게 수를 놓았고 바닥에 떨어진 오렌지 빛깔의 잎도 깨끗하게 정돈되어 있다. 낮은 채도의 건물들과 아기자기한 골목길들, 횡단보도는 검은 정장을 입고 출근하는 사람들로 붐볐다. 바닥에 쓰인 일본어 표시와 청각 장애인용 건널목 기계음마저 반가웠다. 보행 신호등이 깜빡여도 뛰지 않아도 되고, 운전자들은 먼저 지나가

: 도대체 얼마나 더 좋아해야 되는데요

라고 양보해 주며, 버스에서는 정류장에 멈추고 문이 열린 후부터 일어나야 하고 천천히 내려도 다 기다려 줬다. 카페에서 옆 사람이 아무리 떠들어도 한국처럼 시끄럽지는 않다. 오히려 듣기 연습이 되니 전혀 '소음'으로 느껴지지 않았다. 딱히 관광지에 가지 않아도 커피숍에 가서 노트를 끄적이고 있는 것만으로 현지인 속에 스며들어 생활하는 느낌이었다. 일본어를 까먹지 않기 위해 1년 내내 일본 드라마를 틀어놓는 생활과는 전혀 달랐다.

내가 원하는 건 일본에 다시 가서 일본어가 들리는 환경에서 생활하는 것뿐이다. 연구생과 석사 과정에 합격했을 때 운을 다 써버린 것일까. 일본어는 일본 최고의 대학까지 입학하게 했고, 과감히 직장을 그만두고 마흔이 넘어 직종을 바꿀 용기를 줬으며, 책을 멀리하던 내가 1인 출판사까지 차리게 했다. 재해 지역의 복구 현장에 가고 싶게 만들었고 소도시에도 관심을 갖게 했으며 백수 생활도 견디게 해주었다. 만신창이가 되도록 비참했지만, 다시 도전하도록 해준다. 그래서 좀 더디더라도 나만의 속도로 좋아하는 일본어를 마음껏 듣고 사용하는 일을 만날 때까지 계속 부딪쳐 보려고 한다. 과연 언제까지 좋아해야 그는 내 마음을 받아 줄까?

(덕질부록)

당신이 몰랐던 일본어의 진실

일본어는 3개 국어

한국어가 고유어, 외래어, 한자어로 나뉜다면 일본어는 히라가나(ひらがな), 가타카나(カタカナ), 한자어(漢字語)가 있다. 한국어는 세 가지 모두 '한글'로 표기하지만 일본어는 각각 다르게 표기하는 것이 차이점이다. 히라가나는 일본어의 조사와 어미, 한자를 읽는 발음을 나타낼 때 주로 쓰이고, 가타카나는 엘리베이터, 아이스크림 등 외래어를 표기한다. 영어의 대문자 표기처럼 강조하고 싶은 부분에도 가타카나를 쓴다.

일본어에는 띄어쓰기가 없다

그럼 어떻게 끊어 읽을까? 한자를 통해 문장 구조를 보고 끊어 읽는다. 초급 시험(JLPT N5급)에는 모든 문제가 히라가나로 출제되지만 레벨이 높아질수록 한자가 어느 정도 섞여 있는 편이 가독성이 좋다. 한자가 없으면 마치 한글이 띄어쓰기 없이 쭉 적혀 있는 느낌이라 하나하나 읽는 데에 에너지가 소모된다. 처음에는 히라가나만 공략하면 되지만 몇 개월만 공부해도 쉬운 단어는 한자로 써 달라고 바라게 될 것이다.

: 도대체 얼마나 더 좋아해야 되는데요

한국어에 없는 영어 발음이 있다?

모음이 현저히 적고 받침이 없다 보니 일본식 영어 표현을 한국인은 비웃기도 한다. 그러나 한국어보다 철저히 영어 발음을 구별하기도 한다. 한국어에서는 'ㅈ'으로 통일하는 'j/z'를 구별하고 한국어에서 'ㅍ'으로 통일하는 'f/p'를 구별한다. 일본 화장품 가게에서 파운데이션을 한국어에서처럼 'ㅍ'으로 발음하면 점원이 알아듣지 못한다. 고작 그 차이를 알아듣지 못하다니 충격일 수 있겠지만 한국어의 '달/딸/탈'이 전혀 다른 단어인 것과 같은 양상이라고 이해하면 편하다. '감사합니다.'에 해당하는 '아리가또 고자이마스ありがとうございます'의 '자'도 'j'가 아닌 'z'로 발음해야 하는데 한국어에 없는 유성음을 내는 게 어렵다. 공기의 세기로 자음을 구별하는 한국어와 달리 일본어도 영어처럼 성대의 울림으로 자음을 구별한다.

당신은 이미 일본어를 알고 있다?

한자어가 베이스인 단어는 한국어와 발음이 비슷한 일본어가 꽤 많다. 예를 들어 온도(온도), 탄산(탄산), 무리(무리), 무시(무시), 심리(심리)는 거의 똑같다고 볼 수 있다. 기분(키분), 의사(이샤), 도시(토시), 전부(젠부), 가수(카슈), 가구(카구), 지리(치리), 사진(샤신), 편리(벤리), 간단(칸탄), 신문(신분), 의미(이미), 도서관(토쇼칸), 인기(닌키)도 싱크로율이 매우 높다. 무료(무료-), 운동(운도-), 미묘(비묘-), 도로(도-로), 요리(료-리)는 장음의 유무 차이가 있지만 닮았고, 만족(만조쿠), 가족(카조쿠), 마약(마야쿠), 세탁(센타쿠), 기록(키로쿠), 약속(야쿠소쿠), 기억(키오쿠)은 마치 받침을 뒤로 풀어서 쓴 것 같은 발음이다.

* 편의상 히라가나 발음을 한글과 1:1 매칭해서 적은 것으로, 음성학적으로 똑같지 않을 수 있다.

#예능

문미영의 예능
: 그래도 나를 웃게 하는 건

문미영

1989년 1월 포항에서 태어났다.
선생님을 좋아하게 되면서 영어에 재미를 느껴 영문학과에 들어갔다.
TESOL을 수료하고 3년간 포항에서 영어 학원 강사로 근무했다.
20대에 공기업 파견 직원으로 근무하며 지금의 남편을 만나 결혼하였다.
결혼 9년 차이지만 아직 아기가 없는 난임 부부다.
난임 스트레스를 독서와 글쓰기로 치유하고 있다.

개인 저서 『기다림의 고백 그리고 희망을 향한 여정』 난임 에세이
공저 『글로 옮기지 못할 인생은 없습니다』, 『책 한잔 어때요』, 『나를 살게 하는 빛, 격려』,
『평범한 날들을 특별하게 만드는 글쓰기』

○

그래도
나를 웃게 하는 건

　포항시 남구 지곡동은 포스코 직원 가족들이 모여 살던 동네였다. 경제적으로 안정된 상황이라 교육열이 높은 편이었다. 어머니들의 입김과 치맛바람에 대부분의 친구가 영어, 수학 학원은 기본이고 예체능 학원까지 다녔다. 그러다 보니 공부를 웬만큼 열심히 하지 않으면 상위권의 성적을 받기가 힘들었다. 아무리 노력해도 따라잡지 못하니 결국 나쁜 머리 탓을 하게 되었다. 성적이 좋지 않으면 괜히 엄마에게 짜증을 부렸다. 엄마도 지지 않고 모진 말을 많이 하셨다. "다른 집 딸들은 상위권이라는데 너는 대체 뭐가 되려고 그러니? 엄마랑 같이 공부했던 문제잖아. 왜 이걸 틀려? 머리가 안 좋은 거야? 동생 봐. 동생은 늘 상위권을 유지하잖아. 어떻게 같은 배 안에서 나왔는데 이렇게 다르니. 어휴." 중학생 때부터 입시와 성적 스트레스가 심했다. 공부를 잘하는 아이들은 자기들끼리만 어울렸고 선생님도 부모들도 성적으로 차별을 했다.
　하루는 같은 동 11층에 사는 친구랑 놀고 싶었다. '띵동' 초인종을 누르자 친구의 엄마가 문을 여셨다. "안녕하세요. 수지 친구 미영인데요. 같이 놀고 싶어서 놀러 왔어요. 수지는 집에 있나요?" 어머님은 단호하게 말씀하셨다. "우리 수지 지금 공부해야 해서 놀 시간이 없어. 미안하다. 다음에 같이 놀아라." 그러고는 문을 닫으셨다. 보통의 엄마라면 딸의 친구가 놀러 오면 문을 열고 웃으며 들어오라고 하시지 않을까? 하지만 수지의 엄마는 보통이 아니었다. 이웃들이 엘리베이터에서 인사를 건네도 받아 주지 않았고 항상 도도한 자세를 유지했다. 웃는 모습도 거의 보지 못했다. 그래서 동네 주민들 사이에서도 이미지가 좋진 않았다. 수지는 엄마의 성화에 못 이겨 공부를 열심히 했지만, 부산에 있는 대학교의 간호학과에 들어갔다. 우리 엄마는 "그렇게 공부를 시키고 미영이랑도 못 놀게 하더니 고작 지방대에 들어갔어. 서울에 있는 대학교는 들어갈 줄 알았더니."라고 하셨다. 수지의 동생은 내 동생이랑 동갑이었는데 재수하고 지방에 있는 대학교에 들어갔다. 들리는 소식으로는 우울증에 걸려서 집 밖으로 나오지 않는다고 했다.

　나 역시 공부만 강조하는 분위기에 지쳐 있었다. 엄마는 주산을 배워서 계산이 빠르셨다. 밤늦게까지 옆에 앉아서 공부를 가르쳐 주시고 함께 공부하기도 했다. 하지만 아무리 해도 성적이 잘 나오지 않자 엄마는 결국 나를 포기하셨다. 대신 남동생에게 기대를 많이 하셨다. 공부 스트레스에 동생과의 차별에 대한 스트레스까지 극에 달하던 어느 날, 우연히 〈개그콘서트〉를 보게 되었다. 개그맨들이 시청자들을 온몸으로 웃기고 있었다. 무엇도 바라지 않았고 어떤 것도 요구하지 않았다. 아무 생각도 할 필요가 없었고 모든 걸 잊을 수 있었다. 학업 스트레스에 치이고 부모님의 잔소리를 견디며 일요일만 기다렸다. 저녁 식사 후에 개콘을 볼 때만은 숨통이 트이는 것 같았다. 특히 수다맨 코너와 갈갈이 삼 형제, 생활 사투리 코너가 재미있었다. 가 본 적도 없는, 그래서 낯설기만 한 서울, 무수히 많은 지하철역을 모조리 암기하는 수다맨이 어찌나 대단해 보이던지. 어쩜 그렇게 빠르게 말을 내뱉을 수 있는지 신기하면서도 혹시나 실수라도 하면 어쩌나 심장이 쫄깃해지는 재미가 있었다. 갈갈이 삼 형제는 정종철의 비트 박스나 성대모사도 신기했지만, 박준형이 본인의 치아를 사용해서 무를 가는 장면이 하이라이트였다. 처음에는 무만 갈더니 나중에는 파인애플에 늙은 호박까지 갈았다. 가장 좋아했던 코너는 '생활 사투리'였다. 경상도에서 태어났기에 경상도 사투리가 텔레비전에서 나오는 게 반가웠고 낯선 전라도식 표현도 재밌었다. 빠밤! 빠빠빠! 빠바밤 밴드의 엔딩 연주는 행복한 파티는 끝났으니 다시 현실로 돌아가라는 냉정한 사이렌 소리 같았다. 다음 날이면 또 학교에 가야 한다는 생각과, 친구들과 성적으로 서로를 가늠하고 다시 일주일을 살아내야 한다는 생각에 우울해지곤 했었다.

 하루를 버텨내는 매일이었고 세상에서 자리 잡기 위해 끊임없이 도전하는 날들이었다. 사랑은 어려웠고 취업은 쉽지 않았다. 연애하면서도 자존심만 내세웠다. 잘못했을 때 먼저 화해를 청하면 되는데 상대방이 다가오기만을 기다렸다. 연락이 없으면 서운했고 다른 여자에게 눈길만 줘도 서러웠다. 분명 좋아서 시작된 사랑인데 질투하고 원망하기에 바빴다. 한 남자 친구는 집착과 의심이 심했다. 이성 친구들과 연락을 주고받는 걸 이해하지 못했다. 이성 친구들의 번호를 다 삭제하고 정리하라고 했다. 또 다른 남자 친구는 나의 패션 스타일을 바꾸려고 했다. 원래 나는 청바지에 운동화 신는 걸 선호하는 사람이었다. 하지만 그는 내가 굽이 높은 구두에 치마를 입고 나오길 원했다. 연애 사업도 순탄치 않았지만 취업은 그야말로 하늘의 별 따기였다. 아무리 눈을 낮추고 현실과 타협해도 쉽지 않았다. 이력서를 내는 족족 불합격이었고 어쩌다 면접을 보러 가도 떨어지기만 했다.

내가 잘못된 걸까? 내가 뭐가 부족한 걸까? 나는 역시 안 되는 걸까? 불합격 통보와 함께 자존감도 뚝뚝 떨어져 바닥을 쳤다. 열심히 공부했고 스펙도 쌓았고 봉사 활동 경력도 충분한데 도대체 뭐가 부족해서 나를 뽑아주지 않는 걸까. 세상을 원망했고 회사를 저주했다. 결국 전공을 살려 영어학원 강사 일을 시작했다. 학원 원장은 내가 경력도 없고 나이가 어리다 보니 만만하게 여겼다. 수업하는 반과 시간을 제멋대로 늘리고 CCTV를 보며 수업을 감시하고 지적했다. 학부모들의 불만도 많았다. 본인의 자녀에게만 관심을 보이고 애정 쏟기를 바랐다. 상담이 뜸하거나 성적이 오르지 않으면 나를 원망했다. 설상가상으로 늦게 퇴근하다 보니 저녁 식사가 늦었고 야식을 자주 먹게 되었다. 호르몬 시스템이 망가지니 살이 찌기 시작했다.

스트레스를 풀기 위해 보기 시작한 것이 바로 〈무한도전〉과 〈1박 2일〉이었다. 무한도전은 고등학교 1학년 때 시작했지만 공부하느라 볼 시간이 없었고 성인이 되고서야 본격적으로 보기 시작했다. 농촌 체험 특집, 모내기 특집, 명수는 12살, 무한상사, 몰래카메라, 강변북로 가요제, 토토가, 못.친.소 페스티벌. 그들의 몸 개그에 배꼽을 잡았고 그들의 분장에 자지러졌다. 그들과 함께 추격전을 했고 그들과 같이 무인도로 떠났다. '대한민국 평균 이하'를 자처하는 그들은 항상 새로운 것에 도전했다. 쫄쫄이를 입고 에어로빅을 했고 프로레슬러가 되어 링에 올랐다. 패션쇼 무대에 오르고 봅슬레이 트랙에서 달렸다. 63빌딩 외벽 유리창을 닦고 지하 탄광에서 석탄을 캤다. 실패하건 성공하건 늘 웃고 있는 그들에게 인생을 배웠다. '열 개가 있으면 열 개가 다 좋을 수 없다. 열에 아홉은 싫어도 한 개가 좋으면 된 거였다. 싫은 게 있으면 그럴 땐 그냥 웃는 거였다. 스스로가 한계라고 생각하면 나 자신만 초라해질 뿐이었다.'

〈1박 2일〉은 이승기가 출연해서 보게 되었다. 노래도 잘 부르고 얼굴까지 내 스타일이라 좋아했다. 잘생긴 외모에 똑똑한 이미지였는데 의외로 허당이었다. 담양 편에서는 가위바위보에서 진 멤버가 얼음이 언 연못을 건너가기로 했다. 처음에 은지원이 건널 때는 얼음이 깨지지 않았지만 이승기가 한 발을 내딛는 순간 와장창 깨져 물에 풍당 빠져 버렸다. 원래는 강호동을 빠지게 하려고 멤버들이 주먹을 내기로 약속했다. 첫 번째에서 강호동을 포함한 멤버들이 다 주먹을 냈다. 두 번째에서 이승기가 멤미를 못 믿고 가위를 냈다. 강호동이랑 이승기만 졌다. 둘이서 가위바위보를 했지만 결국에 이승기가 졌다. 만약에 이승기가 주먹을 계속 냈다면 강호동이 물에 빠졌을 텐데…. 그래서 담양에 '이승기 연못'까지 생겼다는 슬픈 전설이 있다. 깔끔하고 똑똑한 줄로만 알았던 이승기가 오히려 인간적으로 보여 더욱 좋아졌다. 강호동은 국민 MC답게 분위기를 이끌었고 김C는 존재감 없이 가만히 있다가도 은근히 웃긴 말을 툭툭 던지곤 했다. 은지원은 초딩처럼 유치하면서도 말이 안 되는 억지를 부렸다. 이수근이 특히 재미있었는데 순발력이나 개그 센스가 장난이 아니었다. PD는 온갖 방법으로 멤버들을 골탕 먹였다.

〈1박 2일〉의 백미는 벌칙이다. 음식에 까나리 액젓과 고춧가루 등 먹기 힘든 재료들을 섞어 넣는다. 게임을 통해 이상한 음식이 걸리면 야외 취침을 해야 한다. 첫 번째 선택이 단감과 떫은 감이었다. mc몽이 첫 번째 순서로 번호를 골랐지만 떫은 감이었다. 결국 못 참고 다 뱉어내면서 야외 취침에 당첨됐다. 두 번째는 황석어 액젓이 들어간 붕어빵과 팥 붕어빵이었다. 이승기가 마지막으로 붕어빵을 선택했는데 황석어 액젓 냄새를 맡고 바꿀 기회를 달라고 했다. 여차저차 이수근이 바꿔 주었지만 강호동과 mc몽이 붕어빵을 몰래 바꿔치기하면서 결국 이승기가 두 번째 야외 취침자로 선택되었다. 마지막으로 캡사이신이 들어간 붕어빵과 팥 붕어빵이 나왔다. 이승기와 mc몽이 캡사이신을 듬뿍 넣어 벌칙용 붕어빵을 만들었는데 김C가 당첨되었다. 하지만 김C는 그토록 매운 붕어빵을 모조리 먹어 버렸다. 출연자와 제작진의 내기 장면도 웃겼다. 호우주의보가 내려진 날, 내기에서 진 팀이 야외 취침을 하기로 했다. 탁구와 족구, 단체 줄넘기에서 출연자

팀이 제작진 팀에게 2:1로 승리했다. 결국 매니저를 포함한 전 제작진이 야외 취침을 하게 되었다. 나영석 PD가 "비도 오는데 좀 봐주면 안 되겠냐."고 사정했지만 결국 봐주지 않았다.

웃음뿐 아니라 눈물도 있었다. '글로벌 특집 외국인 근로자 편'을 보면서는 펑펑 울었다. 네팔 출신의 까르끼, 방글라데시 출신의 칸, 캄보디아 출신 쏘완, 파키스탄 출신 아낄 그리고 미얀마 출신 예양까지. 촬영일이 12월 24일 크리스마스이브였다. 크리스마스 선물로 외국인 근로자들의 가족을 한국에 데리고 왔다. 안타까웠던 가족은 방글라데시 출신의 칸과 캄보디아 출신 쏘완이었다. 칸은 아버지가 임종하셨을 때에도 한국에서 일하느라 아버지의 임종을 지키지 못했다. 어머니도 몸이 편찮으셨는데 아들 하나 보기 위해 멀리서 날아오셨다. 쏘완은 신혼부부인데 딸이 2개월 되었을 때 한국으로 와야 해서 아이가 아빠를 알아보지 못했다. 쏘완이 딸을 안으려고 하자 아이가 아빠를 알아보지 못하고 울기 시작했다. 시즌 3에서는 김주혁이 교통사고로 세상을 떠나자 그가 출연한 영상들을 보여 주었다. 든든한 맏형이었던 김주혁의 생전 영상이 나오는 내내 눈물 버튼이 고장 난 것 같았다. 정말이지 끝도 없이 나왔다. 비록 그의 팬은 아니었지만, 그가 그리워졌다.

〈1박 2일〉을 볼 때마다 우리나라에 저렇게 멋진 곳이 있다는 게 놀라웠다. 언젠가 꼭 가 보리라 다짐하며 멤버들과 함께 여행했다. 여행을 좋아하지만 가족 여행을 간 기억은 거의 없다. 부모님이 여행 가는 것을 귀찮아하시기도 했고 특히 아버지가 교대 근무라서 휴일에는 집에서 쉬시고 싶어 했다. 그러면서도 딸이라는 이유만으로 외박을 절대 못 하게 하셨다. 연애 할 때도 밤 10시가 되기 전에는 무조건 들어와야 했다. 성인이 되어서도 마찬가지였다. 그래서 1박 2일을 좋아했던 건지도 모른다. 결혼을 일찍 한 것도 같은 까닭이었으리라. 늘 고민이 많아서일까 〈무릎팍 도사〉도 즐겨 보았다. 유명한 연예인들이 나와서 고민을 이야기하면 강호동이 이를 들어주고 공감하며 고민을 해결하는 콘셉트였다. '연예인도 사람이구나. 누구나 다 고민이 있구나.' 생각했었다.

요즘은 〈무엇이든 물어보살〉을 즐겨 본다. 이 프로그램에 나오는 사람은 대부분 일반인이다. 이수근과 서장훈이 분장을 하고 사연자의 고민을 들어 준다. 이걸 보면서 어느 것 하나 쉬운 삶이 없음을 실감한다. 39세 중고차 딜러는 전세 사기를 당해 집안이 풍비박산되었다. 피해 금액이 무려 2억 9,700만 원이었다. 부동산의 소개로 신축 건물에 들어갔고 분양 사무실에서도 걱정하지 말라고 해서 진행을 했다고 했다. 집주인은 잠수 상태고 연락 자체가 되지 않는 상황이라 했다. 남편이 자신의 사촌 여동생과 외도했다는 여자도 있었다. 변호사에게 의뢰했더니 증거 사진이 있어야 한다고 해서 모텔에 따라 들어가 사진을 찍었다고 했다. 20대의 여자 버스 기사도 나왔다. 우리나라 최초 최연소 여자 기사라고 이슈가 되어 유튜브와 뉴스에도 출연했다. 부모님 두 분 다 버스 기사이신데 아버지가 공부에 재능이 없으니 버스 기사를 해보라고 했단다. 어린 여자 기사이다 보니 간혹 취객이나 나이 드신 어르신들이 행패를 부리거나 무시하는 발언을 한다고 했다.

남자 변호사 둘은 식을 올린 지 얼마 되지 않은 신혼인데 결혼 생활이 생각과는 너무 달라 고민이라고 했다. 한 변호사는 아내가 돈을 안 쓰고 너무 알뜰해서 고민이라고 했다. 쓸 땐 써야 하는데, 남자가 돈을 쓰려고 할 때마다 눈치를 준다고 했다. 다른 변호사는 의뢰인과 술을 마시거나 회식하다 보니 일주일에 네다섯 번은 새벽에야 들어간다고 했다. 늦게 들어갈 때마다 아내가 잔소리하는 게 불만이라고 했다. 〈무엇이든 물어보살〉을 보기 전에는 내가 세상에서 가장 힘들다고 생각했다. 하지만 이제는 집주인을 잘 만나 행복하게 6년 동안 잘 살았음에 감사하고 있다. 남편이 바람 따위 피우지 않고 배신하지도 않아서 감사하다. 진상 고객을 만나야 하는 서비스업에서 일하지 않는 것에 감사하다. 남편이 돈을 쓸 땐 쿨하게 쓰는 사람이라서, 술을 마신다고 자주 늦게 들어오지 않아서 감사하다.

지금도 나는 예능을 즐겨 본다. 〈런닝맨〉을 보며 생각 없이 웃고 〈미운 우리 새끼〉를 보며 공감하고 〈사장님 귀는 당나귀 귀〉를 보며 분노한다. 부활한 〈개그콘서트〉처럼 나 역시 독서와 글쓰기로 새로운 삶을 시작했다. 난임으로 힘들어하고 있을 때 오래 알고 지내는 지인에게 연락이 왔다. 대전으로 발령을 받았으니 한번 만나자고 했다. 밥을 먹으면서 독서 모임 이야기가 나왔다. 온라인 독서 모임을 같이 해보자고 했다. 안 그래도 책은 읽어야겠고 다른 사람을 알고 싶은 마음도 있어서 곧바로 가입했다. 책을 열심히 읽다 보니 출판사나 작가에게 서평 의뢰가 들어오기 시작했다. 서

평이나 후기를 작성하면서 글 쓰는 법을 익혔다.

　타인의 글 말고 진짜 내 이야기를 쓰고 싶은 욕망이 생겼다. 글쓰기 모임을 찾다가 〈책과 강연〉에서 운영하는 '백일백장(100일을 쓰면 100장이 된다.)'에 10기로 합류하게 되었다. 100일 동안 빠지지 않고 글을 써서 인증을 했다. 한 번으로는 성에 차지 않아 12기와 16기에도 참여해 완주했다. 매일 글을 쓰는 습관이 길러지니 내 책을 내고 싶어졌다. 어떻게 해야 할지 방법을 몰라 막막해하던 중 우연히 황상열 작가가 올린 '황무지 라이팅 스쿨 수강생 모집' 글을 읽게 되었다. 한 번만 비용을 내면 평생 강의를 들으며 작가의 꿈을 이룰 수 있다고 했다. 열심히 초고를 작성했다. 2024년 1월에는 공저 『글로 옮기지 못할 인생은 없습니다』를 출간했고 그해 9월에는 공저 『책 한잔 어때요』를 출간했다. 시험관 시술로 힘들고 유산까지 겪은 상황에서 이뤄낸 성과였기에 더욱 값졌다. 그럼에도 불구하고 글쓰기를 포기하지 않은 것은 개인 저서를 출간하고 싶다는 더 큰 목표가 생겼기 때문이었다. 1년이라는 시간을 투자해 난임 에세이를 출간했다.

　만약 힘들다고 아무것도 하지 않았다면 아무것도 달라지지 않았을 것이다. 처지를 비관하고만 있었다면 어떤 성과도 내지 못했을 것이다. 책을 출간한 작가가 되었지만 난임으로 인해 마음은 여전히 힘들었다. 임신을 위한 준비 과정과 병원 진료, 거듭되는 실패를 겪으면서 정신적인 스트레스가 심했다. 학창 시절에는 공부 스트레스, 청춘에는 취업 스트레스, 결혼하고 난 후에는 난임 스트레스를 잊기 위해 예능 프로그램을 보았다. 예능을 보며 울고 웃으며 힘겨운 순간을 버텨냈다. 예능은 언제라도 도망칠 장소가 되어 주었고 언제든 나를 안아주는 친구가 되어 주었다. 오늘도 나는 텔레비전을 켠다. 예능을 보면 마음이 한결 가벼워진다. 새로운 무언가를 할 힘을 얻는다. 이제는 나를 기쁘게 하는 일에 소홀하지 않는다. 맛집을 찾아다니고 카페에서 책을 읽는다. 그래, 오늘의 나를 웃게 만든다면 그걸로 충분하지 않을까. 지금의 삶을 사랑하게 만든다면 그보다 좋은 약이 있을까? 아무 일도 일어나지 않는 삶은 아마도 없을 것이다. 아니, 아무 일도 일어나지 않는다면 그것을 어떻게 삶이라 부를 수 있을까. 나는 삶에 필요한 지혜를 책에서 얻고 내 삶에 일어나는 일들을 글로 남기며 나아갈 것이다. 예능과 함께 웃고 울고 소리치며 남은 날들을 살아낼 것이다.

(덕질부록)

당신을 웃게 만들 수 있다면

고민이 많고 나만 힘들다는 생각이 드나요?

그렇다면 <무엇이든 물어보살>을 보세요.

절로 겸손해지고 지금의 삶을 돌아보게 됩니다.

<무엇이든 물어보살>에는 일반인과 연예인이 나와서 다양한 고민을 이야기합니다.

'나의 고민은 고민도 아니었구나.', '저 사람은 얼마나 힘들까?',

'나는 그나마 해결할 수 있는 고민거리였구나.'

공감은 삶에 대한 감사로 이어집니다.

혹시 결혼을 아직 안 하셨나요?

<미운 우리 새끼>를 보세요.

어머니들의 걱정이 이해될 것입니다.

갑질하는 연예인을 보고 싶으신가요?
<사장님 귀는 당나귀 귀>를 보세요.
직장인이라면 십분 공감하게 될 것입니다.

국내 여행을 좋아하시나요?
<1박 2일>을 보면서 여행 가볼 만한 장소를 찾아보세요.

콘셉트에 따라 여러 예능 프로그램을 볼 수 있다면
이것 또한 삶의 즐거움이 될 수 있지 않을까요?

학창 시절에는 공부 스트레스, 어른이 되고 나서는 취업 스트레스,
결혼하고 나서는 난임 스트레스를 잊기 위해 예능 프로그램을 보았어요.
예능 프로그램을 보면서 함께 울고 웃다 보면 어느새 마음이 가벼워지더군요.
어릴 적 어른들은 텔레비전을 바보상자라 했었지만
정작 어른이 되어 보니 알겠더군요.
예능에는 삶이 있고 사람이 있고 희로애락이 있다는걸요.
때로 사람에게는 도망칠 곳이 필요하답니다.
운동이나 독서, 글쓰기가 아니면 어때요.
오늘의 나를 웃게 만든다면 그걸로 충분하지요.
지금의 삶을 사랑하게 만든다면 그보다 좋은 약이 있을까요?

: 그래도 나를 웃게 하는 건

#성시경

연송의 성시경
: 그 자리에 있어 주어 고마워요

연송

23년 차 초등 교사
소박한 일상을 사랑하고 자연을 좋아합니다.
꽃과 나무, 동물과 하늘을 카메라로 담아냅니다.
달과 별을 바라보며 하루를 정리합니다.
감사의 눈으로 세상을 보려 노력합니다.
마음으로, 글로 나와 자주 대화합니다.
읽고 쓰는 사람으로 살고 싶습니다.

그 자리에 있어 주어
고마워요

그에게 가는 길

  2025년 성시경 팬클럽을 모집한다는 메일이 도착했다. 연말 즈음 회원을 모집하는데 올해는 언제쯤 연락이 오려나 기다리고 있던 참이다. 일주일 후부터 모집이다. 보름 정도의 기한이 있지만 한동안 성적 처리, 생기부 작성, 학기 말 업무 보고로 숨 돌릴 틈이 없기 때문에 자칫 잘못하면 놓칠 게 뻔하다. 혹시나 하는 마음에 달력에 표시하고 알람 설정까지 해 두었다. 내년이면 팬클럽 4년 차에 들어가는구나. 아, 정확히 말하면 6년 차다. 성시경이 직접 팬클럽을 관리하기 전에는 팬들이 운영하던 팬클럽 '퍼플오션' 멤버로 콘서트에 부지런히 다녔고 생일 즈음 열리는 팬 미팅에도 꼬박꼬박 참석했다. 그의 유튜브 채널에도 한동안 푹 빠져 있었다.
  귀한 영상들을 혼자만 볼 수 없어 '부를 텐데'나 '먹을 텐데' 영상을 친구와 동료들에게 수시로 공유했다. 나의 노력에 감동했는지 아니면 그의 매력에 빠진 건지 동료 두 명이 팬클럽에 가입하기도 했다. 집안일을 할 때,

산책할 때, 출퇴근길에 그의 노래를 듣는 일은 너무나도 자연스러웠다. 그의 노래가 나의 일상이었고 나라는 사람의 BGM이었다. 성시경 사랑이 언제부터였더라? 2001년, TV 화면 속 한 음악 프로그램에서 그와 마주했다. 훤칠한 키, 마이크를 감싸고 있던 가느다란 손가락, 감미로운 목소리, 미성과 가성을 자유로이 넘나드는 기교에 시선을 뗄 수 없었다. 가요를 좋아해 왔지만 단지 어느 가수의 어떤 노래를 좋아했을 뿐이었다. 나의 가요 사랑은 성시경이란 가수를 만나기 전과 후로 나눌 수 있다. 그를 만나기 전, 나는 수많은 가수와 노래를 좋아했다. 그를 만난 후, 나에게 가수는 '성시경'이 되었다. 화면 속에서 그가 부르는 〈내게 오는 길〉을 들으며 나는 그에게 빠져들었다.

  2001년, 나는 초등학교 교사로서 첫걸음마를 떼고 있었다. 그해, 영어 교담으로 3개 학년을 가르치며 일터에 적응하느라 정신이 없었다. 숨 쉴 틈 없이 수업도 빡빡했다. 초보 교사 티가 제대로 났는지 머리가 이미 커 버린 고학년 학생들에게 신고식을 톡톡히 치르기도 했다. 칠판에 판서할 때 몇몇 남학생들은 일어나서 춤을 춰 댔고, 나머지 학생들은 배꼽이 빠지도록 웃었다. 무슨 일인가 학생들 쪽을 쳐다보면 아무 일 없었다는 듯이 자리에 앉았고 낄낄대고 웃던 다른 학생들 역시 수업을 제대로 듣고 있는 척했다. 물론 특정한 한두 반의 문제였고 성실하고 착한 학생들이 훨씬 많았다. 하지만 신고식을 치를 때마다 무기력한 기분이 드는 건 어쩔 수 없었고 우울감은 눈덩이처럼 불어나는 듯했다. 그때마다 그의 노래는 나를 사랑에 빠진 주인공으로, 때로는 이별에 아파하는 비련의 주인공으로 만들어 주었다. 그의 노래 덕분에 현실에서 도피할 수 있었다. 그는 싱글 앨범과 정규 앨범을 연달아 발표했다. 그의 노래는 주옥같은 가사들로 가득 차 있었다. 마치 잘 정돈된 시를 읽는 듯했다. 그의 노래를 들으며 나는 우울한 현실을 잘 견뎌 내고 있었다.

태양계 : 그가 나의 빛이 되다

그의 입대 소식이 들렸다. 6집 앨범을 발매하고 두 달 만의 일이었다. 6집의 〈안녕 나의 사랑〉은 입대를 앞둔 그의 마음을 잘 표현해 주고 있었다. 팬들과 이별하는 그의 마음을 대변해 주는 노래였다. 팬들은 훈련소로 들어가는 그의 뒷모습을 보며 〈안녕 나의 사랑〉을 목 놓아 불렀다고 한다. 그 후, 그의 소식에 크게 관심을 가질 수 없었다. 나의 건강에 이상 신호가 생겼기 때문이다. 배우자를 만나 인생 2막을 시작하면서 몸과 마음은 쇠약해져 갔다. 엄마가 차려 주는 밥을 편히 받아먹을 때는 몰랐다. 밥 한 끼 차려 내는 것도 전쟁이었다. 가정을 꾸리며 직장 생활까지 병행하려니 몸이 견뎌 내질 못했다. 결혼 후 이듬해 학교까지 옮기면서 이전에 겪어 보지 못했던 스트레스를 온몸으로 받아 내고 있었다. 학교라는 곳은 비슷하면서도 다른 점이 많았다. 5년 동안 익숙해져 있던 시스템에서 벗어나 새로운 환경에 적응하느라 오히려 신규 교사 시절보다 힘든 시간을 보내고 있었다. 그는 군악대 생활로 재능을 빛내고 있었지만, 나의 인생은 미궁 속으로 빨려 들어가고 있었다.

제대 후, 그는 가수 활동을 다시 시작했고 2011년에는 7집 〈처음〉을 발표했다. 그의 목소리는 여전히 감미로웠지만 나의 교직 생활은 최고의 위기를 맞고 있었다. 당시 6학년 담임이었던 나는 하루하루 가시밭길을 걷고 있었다. 과격한 행동의 학생들로 인해 늘 불안했고 초조했다. 그해 목표는 오직 한 가지 '무사고'였다. 그 시기 학생들의 신체는 청소년기에 접어들지만 마음은 아동기에 머물러 있다. 힘은 세졌지만 조절하는 법은 배우지 못했으며 저학년처럼 행동했다. 장난을 치다 유리문이 깨져 주변에 있었던 학생들이 피를 흘리기도 했다. 화가 난다고 책상을 밀면 벽에 부딪혀 천둥소리가 났다. 11년 차였지만 신규 교사와 다를 바 없이 어쩔 줄 몰라 했다. 자존감이 지하 깊은 곳까지 파고 들어가고 있었던 그해, 다행히도 그가 콘서트 투어를 시작했다. 무언가에 홀린 듯 표를 예매했고, 11월 6일 잠실실내체육관에서 그가 노래하는 모습을 직접 볼 수 있었다. 차분한 분위기 속에서 〈처음〉을 부르며 등장하던 그의 모습이 아직도 생생하게 남아 있다. 어둠의 늪에서 허우적대고 있던 나에게 따뜻한 손길을 내밀어 주는 것 같았다. 그는 부드러운 목소리로 다정한 이야기를 건네주었다. 나는 살아갈 힘을 얻었고, 그 여운은 한 달 이상 이어졌다.

나는 다시 그의 노래에 빠져들었다. 다음 달 박정현과의 조인 콘서트 〈그해 겨울〉이 있었다. 예매 당시 신의 가호가 함께 했으리라. 단번에 티켓팅 성공, 그것도 무대 정중앙 VIP석이라니! 공연 내내 그를 지척에서 바라볼 수 있었다. 7집 앨범 수록곡 중 〈태양계〉를 가장 좋아한다. 잔잔한 피아노 멜로디와 함께 전주가 시작된다. 태양을 따라 도는 행성을 한결같은 사랑에 비유한 가사가 아름답다. 그의 감미로운 목소리에 저절로 눈이 감겼다. 현실의 괴로움은 어느새 사라져 버렸다. 머릿속 새카만 우주 한가운데 자리 잡은 태양과 그 빛을 한가득 받고 있던 행성들은 눈부시게 아름다웠다. 그의 태양이 나를 비춰 주었기에 힘겨웠던 2011년을 무사히 지나올 수 있었다.

조금씩 힘을 내기 시작한 나는 그의 좋은 기운을 계속 받고 싶었다. 콘서트를 놓치지 않으려고 부단히 애를 썼다. 틈나는 대로 검색해 각종 정보를 얻어냈다. 티켓 오픈과 동시에 전 좌석이 매진되는 지금과는 달리 당시에는 잔여석이 있었다. 나는 무대가 한눈에 보이는 2층 정중앙 자리를 예매했다. 그리고 2012년 5월, 〈축가〉 콘서트를 위해 신촌으로 향했다. 결혼식장 콘셉트의 공연이었다. '보랏빛'으로 물들어 있는 무대가 팬들을 기다리고 있었다. 일찍 입장한 관객에게는 와인을 한 잔씩 따라 주었다. 달콤쌉싸름한 맛을 음미하며 공연을 기다리는 것도 색다른 즐거움이었다. 사회자가 결혼식이 시작되었음을 알리며 관객들에게 착석해 줄 것을 당부했다. 사회자가 '신부 입장'이라고 외치자 미니 드레스를 입은 여자 댄서들의 모습이 보였고, 이어서 신랑 성시경이 등장했다. 아늑한 보랏빛 조명 아래에서 감미로운 향연이 펼쳐졌다. 그의 부드러운 목소리와 애틋한 사랑 노래는 〈축가〉 공연을 더욱 탄탄히 만들어 주었다.

공연 중반쯤에는 팬들의 편지를 읽어 주는 코너가 있었다. 사랑, 이별, 아픔, 절망의 사연을 소개해 주는 라디오 형식이었다. 사연으로 채택되면 콘서트 무료 관람권이 경품으로 지급되었다. 공연 당일, 결혼식을 마치고 온다는 사연도 있었고, 큰 병을 앓고 있지만 그의 노래를 들으며 힘을 내고 있다는 가슴 저린 사연도 있었다. 바람을 피우다 걸린 연인의 이야기도 짤막하게 소개되었는데 팬들은 함께 분노하며 한마음이 되어 갔다. 혹시나 하는 마음에 바람둥이였던 첫 남자 친구와의 이별 이야기를 사연으로 보냈지만 안타깝게도 소개되지는 않았다.

성시경 하면 라디오를 빼놓을 수 없다. 입대 전에는 〈푸른 밤〉을, 제대 후에는 〈FM 음악 도시 성시경입니다〉를 진행했다. 부드러운 음성과 지적인 매력은 프로그램을 더욱 빛나게 해 주었다. 그의 목소리에 녹아들었고, 소신 있게 할 말을 당차게 하는 모습에 홀딱 반해 버렸다. 특히 프로그램이 끝나는 11시 57분경 청취자에게 건네는 '좋은 밤 되시고요. 잘 자요!'란 인사가 어찌나 달콤하던지! 그의 클로징 멘트는 마법의 주문 같았다. 피곤해서 일찍 잠든 날에도 11시 55분쯤 눈을 번쩍 떴고, 부랴부랴 라디오를 틀어서 그의 '잘 자요.'를 듣고야 말았다. MBC 미니 라디오로 짤막한 사연을 보내며 활발한 청취자를 자처했다. 미니 라디오의 메시지 창은 그와 소통할 수 있는 소중한 공간이 되어 주었다. 한번은 내가 남긴 메시지를 읽어 준 적이 있었는데 심장이 터지는 줄 알았다. '다시 듣기' 메뉴로 다정하게 '연송 씨!'라 외치던 그 구간을 얼마나 반복해서 들었는지 모른다.

2012년 이대 소극장에서 열린 〈하루〉 콘서트에도 추억이 가득하다. 소극장은 700석 정도의 규모였는데 공연 내내 시야 제한 없이 노래하는 그를 오롯이 느낄 수 있었다. 숨죽여 공연을 관람하던 팬들 덕분에 그의 숨소리까지 들을 수 있었다. 당시 공연은 9일 동안 이어졌는데 6천여 석이 2분 만에 매진되었다고 한다. 나는 어렵지 않게 네 장의 표를 예매해 친한 동료 세 명과 함께 공연을 볼 수 있었다. 공연장은 무대를 중심으로 세 개의 구역으로 나뉘어 있었는데 우리 자리는 왼쪽 구역이었다. 동료들은 그를 가장 잘 볼 수 있는 자리를 나에게 양보해 주었다. 네 개의 좌석 중 가장 오른쪽이었고 통로 바로 옆이었다. 성시경은 항상 공연 마지막에 데뷔곡 〈내게 오는 길〉을 부르며 공연장 전체를 한 바퀴 돈다. 팬들과 눈을 마주치며 손을 흔들어 주기도 한다.

소극장 공연에서도 마찬가지였는데 당시 팬들은 모두 자리에서 일어나 그를 좀 더 가까이에서 보려고 했다. 기대했던 대로 그가 내 옆을 지나갔다. 눈앞에서 그를 맞이한 나는 너무 좋은 나머지 방방 뛰어 댔다. 나의 마음을 알아챘는지 돌아봐 주었고, 나에게 손을 흔들어 주었다. 미소를 살짝 머금고 있던 그의 얼굴이, 안경알 속으로 선명하게 보이던 다정한 눈매가 아직도 눈앞에 아른거리는 듯하다. 공연장으로 향하는 나의 열정은 계속되었다. 하지만 어느 순간부터 내 머릿속에 물음표가 떠다니기 시작했다. 그가 너무 좋은데, 이게 도대체 어떤 마음인 걸까? 그를 팬심으로 좋아하는 걸까? 아니면 다른 흑심이 있는 걸까? 그의 노래만 들어도 설렜다. 무대

위에 서 있는 그의 모습에 심장이 두근거렸다. 하지만 설명하기 힘든 죄책감이 들었다.

한 번 더 이별 : 그와 잠시 이별하다

제대 후 이어지던 왕성한 공연 활동과 각종 예능 프로그램 진행으로 그의 인기는 점점 높아져만 갔다. 공연장에서 열정적으로 노래하며 행복해하는 그의 모습에 나 역시 점점 더 빠져들었다. 하지만 예능 프로그램에 출연하는 그가 불편해지기 시작했다. 특히 성인 예능 프로그램에서는 제법 수위가 있는 농담들이 오고 갔는데 그 안에서 웃고 있는 그의 모습이 내겐 너무 낯설었다. 새로운 노래를 기다렸지만 앨범 소식은 들리지 않았다. 간간이 발매되는 싱글 앨범, 인기 여가수와의 듀엣곡, 인기 드라마 OST로 그의 노래는 차고 넘쳤다. 하지만 공연장에서 들을 수 있는 노래는 인기곡 위주였기에 점점 싫증이 나기 시작했다. 결국 2014년부터 그의 공연에 신경을 쓰지 않게 되었다. 예능 프로그램에서 보여 주는 그의 입담에 팬은 점점 늘어났지만 나에게는 그리 반가운 소식이 아니었다. 나는 노래하는 그에게 마음을 주었던 것이다. 팬이라면 그 어떤 모습이라도 응원해 줘야 마땅할 텐데!

신곡 발매를 미루고 있었기에 나의 마음은 점점 좁아져 가고 있었다. TV 채널을 돌리다가 그가 예능 프로그램에서 웃고 있는 모습을 마주할 때면 화가 났다. '도대체 앨범은 언제 낼 건데! 팬들이 기다리는 거 몰라요?'라고 외치고 싶었다.

　새로운 공부를 시작하면서 그와는 더욱 멀어졌다. 14년 차 교직 경력에 접어든 나는 학교란 공간에서 더 이상 버틸 수 없을 거란 생각에 사로잡혔다. 대부분의 학생들은 학교생활에 잘 적응했지만 간혹 심각할 정도로 감정을 조절하지 못하는 학생들도 있었다. 가장 힘들었던 점은 부모님조차 학생의 상태를 인정하지 않는 경우였다. 문제 행동의 원인을 밝히는 것도 특별 프로그램에 참여하는 것도 거부했다. 학생을 도와줄 수 있는 방법이 없었다. 교실에선 크고 작은 다툼이 연달아 발생했고 나아질 기미는 보이지 않았다. 나는 초등학교 교사지 감정 조절에 심각할 정도로 어려움을 겪는 학생을 치료할 수 있는 전문가는 아니었다. 준비될 때까지 기다려 주고, 성향에 맞게 대화를 건네고, 공감하고, 다독이면서 학생에게 조금씩 다가가는 것이 내가 할 수 있는 전부였다. 나의 노력이 학생들에게 도움이 되기도 했지만 학생의 상태가 심각할 경우, 내가 할 수 있는 일이 아무것도 없었다. 그럴 때마다 힘이 빠졌고 절망스러웠다. 회의감이 들었다. 이대로는 안 되겠다 싶어서 새로운 길을 찾기 시작했다. 당시 나는 '한국어 교사'라는 직업에 매력을 느끼고 있었다. 밤마다 공부하고 주말에는 수업 봉사를 다니며 자격증을 따기 위해 최선을 다했다.

　자격증 과정 수료, 필기시험과 면접을 통해 한국어 교사 3급 자격증을 손에 넣었다. 공부에 재미를 붙인 나는 2급 자격증을 위해 대학원에 진학했다. 2013년 여름부터 작은 관심으로 시작된 공부는 6년이 지난 2019년 2

월, 2급 자격증 취득과 함께 마무리되었다. 하지만 새로운 일을 위해 공부를 하고 수업 봉사를 하며 느낀 점은 예상과 달랐다. '세상에 만만한 일은 결코 없다.'는 사실을 뼈저리게 느꼈기 때문이다. 두 개의 자격증을 손에 넣었고 대학원까지 마쳤지만 지금의 일에 최선을 다하기로 결심했다. 그러자 그의 모습이 다시 아른거리기 시작했다. 2019년 12월의 어느 날, 〈노래〉 공연장을 향해 발걸음을 재촉했다. 나날이 치솟는 인기로 공연장의 규모는 더욱 커져 있었다. 비록 그와의 거리는 멀어졌지만 다시 만난 그는 전보다 훨씬 더 성숙한 면모를 보여 주고 있었다. 그의 노래하는 모습은 여전히 아름다웠다.

이음새 : 그의 새로운 앨범이 드디어 나오다

그러나 곧바로 찾아온 코로나 시국, 더 이상 공연장에서 그를 볼 수 없었다. 집 밖에도 마음 놓고 나가지 못했던 시절, 가수라는 직업을 가진 이들은 최악의 시기를 맞이하고 있었을 것이다. KF94 마스크를 쓰지 않으면 죄인 취급을 받았던 시간 속에서 노래를 부를 수 있는 장소는 그 어디에도 없는 듯했다. 모두가 좌절했고 그 역시 다를 바 없었다. 팬들 앞에서 노래하고 싶어 하는 그의 마음은 더욱 간절해 보였다. 코와 입을 내놓을 수 없는 상황에서 과연 서로를 마주하며 공연할 수 있을지 의문만 가득했다. 인스타그램 위주로 SNS를 하던 그는 유튜브 채널을 운영하기 시작했다. 사회적 거리를 유지하며 노래를 부르기 위해! 영상을 볼 때마다 콘서트에서 느꼈던 그의 숨소리가, 내 앞에 멈춰서 손을 흔들어 주던 그의 모습이 사무치게 그리워졌다. 팬들 앞에서 노래하고 싶은 그의 간절함은 컴퓨터 모니터와 휴대전화의 액정 화면 너머 내 마음까지 전해졌다. 그리고 간절히 기다리던 그의 새 앨범이 세상에 존재를 드러냈다. 그의 신곡은 다듬어져 있었고 더욱 깊어져 있었다. 10년간 갈고 닦은 그의 재능이 빛을 발하는 듯했다. 수록곡 〈I Love You〉에서는 지금까지 볼 수 없었던 그의 새로운 모습을 마주할 수 있었다. 분홍색 슈트를 입고 아이돌처럼 춤을 추는 그의 모습에 팬들은 행복한 비명을 질렀다. 〈이음새〉와 〈방랑자〉에서는 한결 짙어진 음색과 풍부한 감성을 진하게 느낄 수 있었다.

너는 나의 봄이다

오랜 기다림 끝에 찾아온 2022년 5월, 그는 잠실종합운동장 보조경기장에서 〈축가〉 공연을 다시 열어 주었다. 공연장에서 그를 볼 수 없을지도 모른다는 두려움이 사라지는 순간이었다. 표를 예매하면서, 공연장으로 향하면서 얼마나 설레고 또 감사했는지 모른다! 공연장에 도착하니 더욱 우아해지고 세련되어진 무대가 나를 반겼고 보랏빛 조명은 여전히 눈부시게 아름다웠다. 꿈에서도 그리던 장면이었다. 나도 모르게 자꾸만 눈가가 촉촉해졌다. 해가 질 무렵 공연이 시작되었다. 댄서도, 스텝도, 팬들도 마스크를 쓰고 있었다. 노래를 부르는 그만이 유일하게 얼굴을 드러내고 있었다. 그는 날것의 마음 역시 보여 주었다. 2년 5개월 만에 팬들 앞에서 '사랑합니다.'라며 수줍은 듯 고백을 했고, 이제 더 이상 그 말을 아끼지 않겠다고 선언했다. 공연장으로 향해야만 하는 이유가 하나 더 생기고 말았다. 2022년과 2023년의 연말 공연, 2024년의 축가 공연도 놓치지 않았다. 그리고 2025년, 그의 새로운 앨범이 발매될 거라는 반가운 소식을 접했다.

그는 24년 차 가수로서 입지를 단단히 굳히고 있다. 그가 내 가수로 나타나 주어서 얼마나 고마운지, 얼마나 큰 힘과 위로가 되었는지 모른다. 힘든 순간마다 그의 목소리로, 노랫말로 지금까지 잘 견뎌 왔다. 그가 그의 자리를 지키며 계속 노래하는 한, 나는 팬으로서 그를 응원할 것이다. 힘이 있는 한, 그를 만나러 갈 것이다. 그리고 팬들에게 '사랑합니다.'라고 말하는 그에게 나의 마음을 꼭 전하고 싶다. '그 자리에 있어 주어 고맙습니다. 오래오래 함께하고 싶습니다.'라고.

(덕질부록)

성시경

가수, 싱어송라이터, 대한민국 국밥부 장관

나이 : 1979년생 (양띠, 양자리)
데뷔 : 2000년 사이버 가요제 뜨악 페스티벌 대상

정규 앨범 8집 발매, 싱글 앨범 및 듀엣곡 다수. 2025년 새 앨범 발매 예정
매년 5월 <축가> 공연, 9월 동료 가수들과 함께하는 <자 오늘은>, 연말 브랜드 콘서트 개최
유튜브 : 먹을 텐데, 만날 텐데, 부를 텐데 등
자신의 이름 '경'을 걸고 경탁주 출시, 2025년 경소주 출시 예정
매년 12월경 팬클럽 회원 모집
혜택 : 4월 7일 전후 생일파티 겸 팬 미팅 참석 가능, 공연 선예매 기회

: 그 자리에 있어 주어 고마워요

추천 플레이 리스트

<내 안의 그녀> (2001)

<외워 두세요> (2003)

<10월에 눈이 내리면> (2004)

<잊혀지는 것들에 대하여> (2005)

<바람, 그대> (2006)

<오, 사랑> (2006)

<그 자리에 그 시간에> (2006)

<눈부신 고백> (2008)

<당신은 참> (2008)

<처음> (2011)

<태양계> (2011)

<나의 밤 나의 너> (2017)

<방랑자> (2021)

<이음새> (2021)

<내게 오는 길> (2001)

#샤이니 태민

김소영의 태민
: 오늘도 여전히 빛나는

김소영

'샤이니 태민의 18년 차 팬'
태민을 빼놓고는 인생을 말할 수 없을 정도로 오랫동안 그의 팬으로 살았다.
'탬송이'라는 닉네임으로 18년 동안 팬 블로그를 운영하며 그의 활동을 기록했다.

평범한 직장인이 되었지만 글쓰기라는 꿈을 놓지는 않았다.
2024년 좋은 생각 주최 '생활 문예 대상'에서 동상을 수상했고,
인사 혁신처 주최 '공직 문학상'에서 수필 부문 금상을 수상했다.

언젠가 직접 쓴 노랫말을 태민의 목소리로 듣게 되는 날을 꿈꾼다.

블로그 : blog.naver.com/taemsong2
X(Twitter) : https://x.com/taemsong2

오늘도
여전히 빛나는

　기억이 존재하는 순간부터 나는 누군가의 팬이었다. 여섯 살 때는 소방차를 좋아했고 초등학교 3학년부터는 서태지와 아이들을 좋아했다. 중학교 2학년 때 젝스키스가 데뷔했고 학창 시절을 오빠들과 함께 보냈다. 고등학교 2학년 때 그들이 은퇴하며 나의 덕질도 끝을 맺는듯했다. 대학 입학 1년 동안은 학교생활을 열심히 했다. 그러나 그해 12월에 동방신기가 데뷔했고 나는 곧바로 팬이 되었다. 대학 3학년을 마치고 캐나다로 어학연수를 갈 때까지 그들에게 빠져 있었다. 취업 준비로 눈코 뜰 새 없이 바쁜 나날을 보내느라 잠시 덕질을 쉬게 되었지만 '휴덕은 있지만 탈덕은 없다.' 했던가. 2008년 5월의 어느 날, 알바를 마치고 집에서 인터넷을 하다가 우연히 샤이니라는 신인 그룹의 뮤직비디오 티저를 보게 되었다. '누난 너무 예뻐'라니 제목 한번 특이하다 싶었는데 그 자리에서 티저를 열 번 넘게 돌려 보았다. 화면 속에 천년의 이상형이 있었던 것이다. 까만 바가지 머리를 하고 센터에서 춤추는 아이가 충격적으로 잘생긴 데다 앳되어 보이는 얼굴과 달리 춤을 굉장히 잘 춰서 계속 눈에 들어왔다. 오랜만에 새로운 덕질 상대를 만난 것 같아서 가슴이 뛰었다.

그 아이의 이름은 '태민'. 내 친동생의 이름과 같았다. 평생을 태민이 누나로 살아온 나에겐 운명 같은 이름이었다. 아? 그런데 나이가 열여섯? 중학교 3학년? 나이를 알고 나니 갑자기 두통이 밀려왔다. 나보다 열 살이나 어린아이의 팬이 된다고? 이게 말이 되는 건가? 이래도 되는 걸까? 고심하다 다시 티저 영상을 보았다. 역시나 춤을 기가 막히게 잘 춰서 자꾸만 눈이 갔다. 그날 이후로 매일 태민이에 관한 자료를 찾는 나를 발견했다. 며칠 뒤 샤이니의 역사적인 데뷔 무대가 있었다. 첫 무대임에도 라이브는 완벽했다. 어찌 반하지 않을 수가 있을까. 특히 노래의 끝 무렵에 펼쳐진 태민이의 독무가 그 무대의 하이라이트였다. 그날 밤 누워서도 계속해서 그의 모습이 떠올랐다. 태민이의 앞으로의 모습이 궁금해졌다. 2008년 5월, 나는 그렇게 샤이니의, 태민이의 팬이 되었다.

그 후 나는 샤이니 팬 카페도 가입하고 블로그도 개설해 태민이의 자료를 올리며 바쁜 나날을 보냈다. 매일 예쁜 태민이 사진과 영상을 올리다 보니 내 앞에서 말하고 움직이는 태민이가 보고 싶어졌다. 때마침 첫 팬 사인회 공지가 떴다. 나는 경기도 끝자락에서 서울까지 한달음에 달려가 응모했다. 오랜 시간 덕후로 살았지만, 샤이니가 내 생애 첫 사인회 응모였는데 정보 부족으로 달랑 한 장의 CD만 사서 응모한 결과 처참하게 떨어지고 말았다. 몇 장 이상을 사야 안정권이라는 귀중한 정보를 얻고 다음 사인회를 노렸는데 이번엔 선착순이라는 게 아닌가! 새벽부터 음반 매장 앞에 줄을 서서 열 시간이 넘도록 기다렸다. 밥도 먹지 못하고 물만 마시며 버텼다. 너무 힘들었지만 태민이를 실제로 볼 수 있다는 희망만으로 견뎌냈다.

사인회 번호표를 받는 순간 괴롭고 지루했던 시간 따윈 모조리 지워져 버렸다. 모니터에서만 보던 태민이를 실제로 만난다니! 태민이의 목소리를 직접 들을 수 있다니! 가슴이 벅차고 설레서 밤새 잠도 오지 않았다. 태민이를 만나면 무슨 말을 할지 대본을 쓰고 밤새워 연습했다. 날이 밝자마자 미용실로 달려가 머리도 예쁘게 하고, 사인회 응모 전부터 준비해 놓은 선물을 들고 태민이를 만나러 갔다. 사인회장에 도착해서도 한참 동안 기다렸다. 드디어 샤이니가 등장했다. 그토록 보고 싶었던 태민이다. 그를 본 순간 눈물까지 찔끔 났다. 태민이가 내 눈앞에 있다니! 이러다 밖으로 튀어나오는 건 아닐까 겁이 날 정도로 심장이 뛰었다. 거리가 가까워질수록 또렷하게 보이는 태민이의 얼굴을 보니 이게 꿈일까 두려워졌다. 드디어 내 차례가 되어 마주 서자 "안녕하세요." 인사하며 수줍게 웃는 모습에 밤새워 연습한 대본은 한 글자도 생각나지 않았다. 하고 싶은 말의 반도 못 하고 그저 앞으로 열심히 응원하겠다는 말만 앵무새처럼 계속했다. 내 인생 첫 팬 사인회는 그렇게 허무하게 끝났고 태민이가 내 이름을 써준 CD만이 이게 꿈이 아니라는 것을 알려주었다.

첫 팬 사인회가 못내 아쉬워서 나는 계속 태민이를 보러 다녔다. 그러다 보니 내 존재를 각인시키고 싶다는 생각이 들었고 무언가 기억에 남을 특별한 선물을 해주고 싶어졌다. 뭐가 좋을까 고민하다가 가수 생활에 기념 될 만한 선물을 해주고 싶어 샤이니의 CD로 기념 액자를 만들기로 했다. 앨범 재킷을 뜯어 맨 앞에 배치하고 그 옆에 태민이의 개인 사진을 넣고 가운데에 CD를 놓았다. 그 옆에 다시 태민이의 사진을 넣고 마지막에 앨범 뒷장을 넣었다. 그걸 액자로 맞췄는데 예상했던 것보다 훨씬 예쁜 완성품이 탄생했다. 태민이 생일 즈음에 열린 팬 사인회에서 전달해 주었는데 선물을 받은 태민이가 기뻐하는 모습에 어찌나 행복했는지 모른다.

그때부터 샤이니 앨범이 나올 때마다 CD를 액자로 만들어 갔다. 특히 태민이의 솔로 앨범 액자는 사진을 열두 장이나 넣어 특별히 신경 써서 만들었다. 또 가수 활동 사진을 100장 이상 넣은 커다란 액자와 처음 출연했던 시트콤 〈태희혜교지현이〉 속의 태민이 모습을 캡처해서 만들어 간 기념 액자도 사인회에서 선물해 줬다. 시트콤 사진 액자를 선물 받은 태민이가 "누나 사랑해요."라고 인사를 해주었다. 태민이는 무대에서와 달리 내향적인 성격으로 간지러운 이야기를 못 하는 아이였다. 그런 태민이가 무려 사랑한다고 말해 주다니! 블로그에 사인회 후기를 올리자, 샤이니 팬들 사이에 한동안 화제가 됐다. '사랑해요.' 사건 이후 내 별명은 '액자덕후'가 되었고 CD 액자나 사진 액자를 들고 사인회장에 나타나면 내가 누군지 알게 되었다. 그렇게 나는 조금씩 네임드 팬이 되어 갔다.

나는 '탬송이'라는 닉네임으로 팬 활동을 하며 블로그에 태민이의 데뷔 시절부터의 활동을 기록하기 시작했다. 태민이가 출연한 모든 방송을 모니터하고 사진과 영상을 정리해 올렸다. 팬 사인회나 팬 미팅, 콘서트 같은 오프라인 활동도 블로그에 기록했다. 5년, 10년이 지나면서 방대한 양의 자료가 쌓였는데 어느 순간부터 내 블로그가 태민이 입덕을 고민하는 팬들의 입문 필독서가 되었다. 내 블로그에는 입덕에 도움을 줘서 고맙다는 댓글이 자주 달린다. 팬 사인회와 선물 인증 후기들을 보면서 대리 만족한다는 분들도 많다. '탬송이 님의 블로그 덕분에 태민이에게 입덕하게 됐어요.', '탬송이 님의 태민이 사랑을 보면서 저도 더 열심히 덕질하기로 다짐했어요.' 같은 감사와 공감의 댓글들이 꾸준히 달린다. 그냥 내 덕질을 열심히 했을 뿐인데 나도 모르는 사이 태민이 팬들에게 영향을 주는 팬이 되어 가고 있었다. 사랑이 가득한 시선으로 기록한 내 블로그는 태민이도 나를 영업부장이라고 인정했을 만큼 많은 이의 입덕에 도움을 주었다.

데뷔 초 태민이의 공식적인 포지션은 '메인 댄서'였다. 그래서인지 데뷔곡 〈누난 너무 예뻐〉 하이라이트 부분에 독무도 있었고 데뷔하던 해에 처음 열렸던 SM 콘서트에서 솔로 댄스를 추기도 했다. 하지만 정작 보컬 부분에서는 파트가 거의 없었다. 나는 노래하는 태민이가 궁금했는데 솔로 파트도 없고 라디오에서 다른 멤버들이 솔로 곡을 부를 때도 태민이는 한 번도 부른 적이 없었다. 나중에 알고 보니 변성기를 거치며 보컬 트레이닝을 받지 못해 데뷔 앨범에 파트가 없었던 것이었다. 무려 데뷔 앨범에 목소리를 담지 못한 태민이의 심정을 생각하니 무척이나 속상했고 노래하는 태민이에 대한 갈증이 생겼다. 하루빨리 그의 목소리가 담긴 노래를 듣고 싶었다. 태민이는 데뷔 초에는 노래를 시키면 자신 없어 하며 사양하곤 했었다. 그런데 어느 날 출연한 라디오 방송에서 태민이가 먼저 노래를 하고 싶다고 하는 게 아닌가! 역사적인 사건이었다. 꾸준히 노래 연습을 해 온 그가 팬들에게 자신의 실력을 보여 주고 싶었던 것이다. 춤 못지않게 보컬에도 욕심이 많았던 태민이는 또 다른 방송에서 한 소절을 부르기 위해 그 파트만 수만 번을 연습했다고 했다. 차츰 노래 실력을 키워가던 태민이가 라디오에서 첫 솔로 곡을 완창했을 때 나는 노래를 들으며 엉엉 울었다. 음악 방송이나 라디오, 콘서트에서 태민이의 파트가 없는 〈인 마이 룸〉이나 〈스탠바이 미〉 같은 노래들을 부를 때 느꼈던 설움이 그제야 씻겨 나가는 것 같았다.

끊임없는 연습으로 노래 실력을 키워 나간 태민이는 솔로로 KBS 〈불후의 명곡〉에 출연하고 일본에서는 '궁'이라는 뮤지컬의 주연을 맡았다. 나는 곧장 오사카로 날아가 그가 출연한 뮤지컬을 보았는데 연기도 잘했지만, 노래를 너무 잘해서 놀랐다. 태민이가 솔로 넘버를 부를 때마다 가슴이 벅차 계속 눈물이 났다. 공연이 끝나고 나서도 한참 동안 의자에 앉아 울었다. 그 후 솔로로 드라마 OST를 부르더니 2014년, 샤이니 멤버 중 처음으로 솔로 앨범을 내게 되었다. 솔로 앨범 잘 안 내주기로 유명한 SM에서 보컬 멤버도 아닌 태민이의 솔로 앨범을 내준 것이다. 데뷔곡에서도 솔로 파트 하나 없던 태민이가 데뷔 6년 만에 미니 앨범을 발표하게 됐다. 나는 그의 솔로 앨범을 2~300장 이상 사며 열렬히 응원했다. 솔로 앨범 CD 액자도 특히 신경 써서 만들어 선물했다. 앨범 타이틀로 조명을 맞춰서 선물했고 태민이가 표지 모델로 나온 잡지를 완판시키겠다며 열 권 이상 사기도 했다. 굿즈란 굿즈는 모조리 사들이고 팬 사인회 응모도 빠짐없이 했다. 8월의 더운 날씨였지만 음악 방송 사전 녹화도 모두 참여했다. 태민이의 첫 솔로 활동이 아닌가. 후회가 남지 않도록 내가 할 수 있는 모든 것을 다 하며 하얗게 불태웠다. 음악 사이트에서 하는 앨범 발매 이벤트도 다 참여했는데 안 뽑을 수 없게 정성스럽게 댓글을 써서 싸인 CD나 폴라로이드 사진도 많이 당첨되었다. 또 광고 모델로 있는 물품의 판매량을 올려 주려고 노력하는 등 태민이의 솔로 활동 때마다 내가 할 수 있는 최선을 다했다.

태민이의 팬이 되고 아주 소중한 날짜가 생겼는데 바로 태민이의 생일인 7월 18일이다. 나는 태민이가 데뷔하던 2008년, 그의 열여섯 번째 생일부터 자체 생일파티를 하기 시작했다. 그의 생일날에 친구와 만나 케이크에 숫자 초를 꽂고 주변에 태민이 사진을 붙여 장식한 뒤 태민이 없는 태민이 생일 파티를 했다. 비록 내 마음이 태민이에게 직접 닿을 수는 없겠지만 그렇게라도 생일을 축하해 주고 싶었다. 그 뒤 매년 친구들과 자체 생일 파티를 하며 기념사진을 남겼다. 태민이의 열여섯 번째 생일부터 한해도 빠짐없이 축하해 주었고 그 사진들을 모아 태민이에게 선물하기도 했다.

그렇게 덕질을 해오는 동안 뭐니 뭐니 해도 가장 기억에 남는 날은 태민이의 첫 솔로 콘서트다. 2017년 4월의 어느 날 사무실에서 일을 하다가 일본 팬클럽 샤이니 월드 J에서 메일을 한 통 받았다. 태민이가 부도칸에 입성한다는 것이었다. 역사적인 태민이의 첫 솔로 콘서트가 데뷔 10년 만에 드디어! 열리는 것이다. 메일을 읽는 내내 손이 덜덜 떨리고 가슴이 너무 벅차올라서 화장실에 가서 엉엉 울다가 왔다. 진짜 눈물이 얼마나 났는지 모른다. 태민이의 솔로 콘서트라니. 그것도 부도칸 입성이라니! 항공권과 호텔을 서둘러 예약하고 팬클럽 선행 티켓 예약을 했다. 돌잔치를 준비하는 엄마의 마음으로 콘서트 이름과 날짜를 넣어 첫 솔로 콘서트 기념 수건도 제작했다. 주변 팬들과 주인공인 태민이에게 선물하기 위해서였다. 그렇게 만반의 준비를 다 하고 티켓 당첨 발표만을 기다렸다. 추첨제이기 때문에 친구도 나도 응모하고 당첨되기를 기도했다.

정말 간절한 마음으로 빌었는데 하늘도 무심하시지! 둘 다 양일 낙첨을 하고 말았다. 태민이의 첫 솔로 콘서트인데 내가 못 간다고? 이게 말이 돼? 믿을 수 없어서 울지도 못하고 메일을 한 시간이나 노려봤다. 하지만 결과는 역시나 낙첨. 나와 친구는 양도 표를 구하기 백방으로 뛰어다니기 시작했다. 트위터와 블로그에 글을 올려 양도해 주십사 읍소를 했다. 간절한 마음이 하늘에 닿았는지 우리 둘은 이틀 다 태민이의 공연을 볼 수 있게 되었다. 이틀 치 표를 얻기까지 각고의 노력이 필요했지만, 공연장에 들어서니 그동안의 힘겨움은 하나도 생각나지 않았다.

암전이 되고 태민이의 역사적인 첫 콘서트가 시작됐다. 첫 곡 〈괴도〉가 나올 때 나는 이미 정신이 나갈 것 같았다. 첫 곡부터 완빡으로 춤추며 노래하는 태민이를 보니 내가 다 힘이 들었다. 혼을 갈아 넣어 무대를 채우는 태민이를 보며 '저러다 쓰러지면 어떡하지.' 걱정이 들었다. 그럴수록 더 큰 목소리로 태민이를 응원했다. 공연을 보면서 태민이의 팬이 되길 잘했다는 생각이 몇 번이고 들었다. '메인 댄서'라는 포지션으로 데뷔했지만, 노래와 무대에 욕심 많은 태민이는 끊임없는 연습과 노력으로 솔로 데뷔를 하고 솔로 콘서트까지 하게 됐다. 언제나 목말라 있던 노래에 대한 갈증을 해소해 주고 이렇게 멋진 공연까지 보여 주다니. '누너예' 시절부터 지금까지 태민이가 얼마나 치열하게 살았는지 모니터로만 보는 나도 다 알 정도인데 안 보이는 곳에서는 얼마나 피나는 노력을 했을까. 태민이가 안주하고 실력 향상을 위해 노력하지 않았다면 내가 이렇게 오랫동안 팬으로 남아 있을 수 있었을까? 태민이의 노력과 성장을 바라본 시간이 정말 뿌듯하고 행복했다.

태민이가 열심히 노력하고 활동한 만큼 나도 매우 열렬히 덕질을 했다. 그러다 보니 계도 많이 타서 소중한 추억들이 정말 많다. 태민이한테 선물한 액자나 기념패 등의 선물이 방송과 기사 사진을 통해 인증되고 선물해 준 옷들도 태민이가 입어서 인증 사진이 남았다. 한번은 일본 오사카 쿄세라 돔에서 내가 돌출 무대 1열에 앉은 적이 있는데 그때 태민이가 바로 내 앞에서 발라드 한 곡을 완창했다. 그와 나 사이에 아무것도 없이 노래 한 곡을 다 부르는데 너무 떨리고 설레서 가슴이 터지는 줄 알았다. 앞으로 1열에 앉을 확률, 태민이가 내 앞에 서서 노래 부를 확률, 한 곡을 완창할 확률을 따져 보면 살면서 다시는 탈 수 없는 계인 것 같다. 그리고 절대 잊을 수 없는 샤이니 사진회. 태민이랑 어깨동무를 하고 손으로 하트를 만들어 찍은 사진은 무덤까지 가져갈 보물 1호다.

사실 태민이의 팬으로 살아오면서 항상 마음속에만 간직했던 소원 하나가 있었다. 바로 공중파 방송에서 태민이에게 영상 편지하기였다. 나는 소망을 이루기 위해 평소 즐겨 보던 〈우리말 겨루기〉라는 프로그램 예심에 참여했다. 예심과 면접을 통과해 방송 출연을 하게 됐고 우승까지 했다. 물론 태민이에게 영상 편지하기라는 나만의 목표도 달성했다. 우승자였기에 영상 편지는 더욱 빛을 발했다. 팬 사인회에서 만난 태민이가 내 우승 소식을 듣고 영상 편지까지 직접 보았다고 해주었을 때는 말할 수 없는 감격에 몸부림쳤다.

몇 년 전 사인회에서 태민이한테 곧 네 팬이 된 지 3,500일이 된다고 얘기를 한 적이 있다. 그 긴 세월 동안 정말 열심히 응원해 왔는데 나는 태민이에게 어떤 팬이었을까 갑자기 궁금해졌다. 지금까지 단 한 번도 그런 질문을 해본 적이 없었는데 그날은 꼭 물어보고 싶었다. 사실 묻기 전까지도 계속 고민하고 또 고민했다. 괜히 그런 질문을 해서 태민이가 난처해하는 건 아닐까? 사인을 받으러 올라가기 전까지 필사적으로 고민했다. 겨우 용기를 짜내 물었지만 예상한 답변은 '항상 고마운 팬' 혹은 '늘 고마운 팬'이었다.

"진짜 소중하고, 최고의, 진정한, 제가 사랑하는 팬입니다."

답변을 듣는 순간 시간이 멈춘 듯했다. 아무것도 들리지 않았다. 이루 말할 수 없는 감동이 밀려와서 사인회 끝날 때까지 울음을 참느라 혼났다. 그냥 고마운 팬이라고만 얘기해 줬어도 행복했을 텐데 전혀 기대하지도 못했던 대답을 듣자, 이게 꿈인지 생시인지 헷갈렸다. 그동안 덕질 열심히 한 보람이 있구나. 태민이에게 내가 소중한 팬으로 기억되고 있다니. 18년 태민이 덕질 중 가장 행복했던 순간을 꼽아 보라고 한다면 제일 먼저 생각이 날 장면이었다. 태민이는 내 삶의 빛이요 안식을 주는 고마운 존재다. 아빠가 돌아가셨을 때도 태민이의 목소리를 들으며 위로를 받았고 회사에서 스트레스를 받을 때도 태민이 사진을 보면 평안이 찾아왔다. 아무리 힘든 일이 있어도 태민이를 생각하면 이겨낼 수 있었다. 물론 태민이 덕질이 매일 행복하고 좋은 것만은 아니다. 소속사에 대한 여러 가지 불만과 열악한 덕질 환경 때문에 스트레스를 많이 받는다. 견디기 힘든 시간도 있었지만, 그와는 비교도 할 수 없는 행복한 순간이 더 많았기 때문에 그 시간을 이겨내고 지금까지 태민이의 팬으로 남을 수 있었다.

 내 인생에서 이렇게 긴 세월 동안 누군가를 좋아한 건 샤이니, 그중에서도 태민이가 유일하다. 시간이 흘러 나의 젊은 날을 돌이켜보면 가장 먼저 태민이가 떠오를 것이다. 지난 시간 동안 태민이가 준 선물과 추억이 너무 많아서 나는 평생을 그 추억을 곱씹으며 살 수 있을 것 같다. 내 청춘의 모든 페이지마다 함께 한 태민이와, 앞으로도 오랜 시간 함께 했으면 좋겠다. 태민이가 언제까지 가수를 할지 모르겠지만 활동하는 동안은 항상 행복하고 즐거운 일들만 있기를 바란다. 언젠가 친구가 물었다. 어떻게 18년 동안 무조건적인 사랑을 퍼줄 수 있냐고, 도대체 어떤 마음으로 태민이를 좋아하냐고 말이다. 그에 대한 내 대답은 '가족'이었다. 지난 18년의 세월을 거치면서 태민이는 나한테 가족이나 다름없게 되었다. 태민이의 성공이 내 성공이고 태민이의 행복이 내 행복이다. 나는 앞으로도 내 행복한 매일과, 오늘도 여전히 빛나는 태민이의 앞날을 위해서 열심히 응원하고 서포트하면서 평생 그의 팬으로 살아갈 것이다.

덕질부록

샤이니 태민

1993년 07월 18일 생

2008년 5월 25일 샤이니 데뷔

2014년 8월 15일 솔로 데뷔

열여섯 중학생, 태민이 속한 샤이니는 싱글 앨범 <누난 너무 예뻐(Replay)>로 데뷔하여 <줄리엣>, <Sherlock>, <Dream Girl>, <HARD> 등 수많은 히트곡을 선보이며 대표적인 남자 그룹으로 자리 잡았다. 메인 댄서로 데뷔했지만 춤 못지않게 노래에도 욕심이 많았던 태민은 끝임없는 노력과 연습 끝에 샤이니 멤버 중 첫 번째로 솔로 앨범을 발표했다. (당시 SM은 솔로 앨범을 잘 내주지 않기로 유명했다.) 그는 '역솔남(역대급 솔로 남자 가수)', '탬또롤(태민이가 또 롤모델)' 등으로 불리며 많은 후배들이 이정표로 삼을 만큼 솔로 커리어도 탄탄하게 쌓았다. 아티스트 '태민'만의 색이 가득한 독보적인 퍼포먼스와 보컬로 팬들

: 오늘도 여전히 빛나는

의 뜨거운 사랑을 받고 있다. 2024년, 솔로 데뷔 10주년을 맞은 그는 전 세계 팬들과 함께한 2024-25년 월드 투어 콘서트를 성공적으로 완료했다.

수상 경력

2024 코리아 그랜드 뮤직 어워즈 베스트 아티스트상

2024 코리아 그랜드 뮤직 어워즈 베스트 솔로 아티스트상

2024 아시아 스타 엔터테이너 어워즈 솔로 부문 베스트 퍼포먼스상

2023 슈퍼사운드 페스티벌 올해의 남자 솔로 퍼포먼스 부문 대상

2020 제15회 에이어워즈 솔로 아티스트 부문

2020 엠넷 아시안 뮤직 어워즈 페이보릿 댄스 퍼포먼스 남자 솔로

2018 제27회 하이원 서울가요대상 인기상

2017 제31회 골든디스크 어워즈 음반 부문 본상

2017 BOF 어워즈 퍼포먼스 스타상

2017 Mnet 아시안 뮤직 어워즈 베스트 댄스 퍼포먼스 솔로

2016 Mnet 아시안 뮤직 어워즈 베스트 댄스 퍼포먼스 솔로

2015 제29회 골든디스크 어워즈 음반 부문 인기상

2015 제29회 골든디스크 어워즈 음반 부문 본상

2015 제24회 하이원 서울가요대상 하이원 인기상

태민 솔로 추천곡

<Say Less> (미니 5집 ETERNAL)

<My Day> (드라마 나빌레라 OST)

<Love> (정규 2집 MOVE)

태민 공식 홈페이지 https://taemin-official.com/
태민 공식 유튜브 https://www.youtube.com/@taemin_bpm
태민 공식 X(Twitter) https://twitter.com/TAEMIN_BPM
태민 개인 인스타그램 https://www.instagram.com/xoalsox/

: 오늘도 여전히 빛나는

#지도

이해윤의 지도
: 너의 지도 우리의 여행

이해윤

12년은 생명 공학을, 그 후 12년은 아들을 연구 중이다.
어린 시절에는 가정 형편과 기나긴 간병 때문에
단 한 번의 여행으로 끝나 버렸고
빛나던 청춘에는 연구실에 틀어박혀 있느라
여행다운 여행을 누리지 못했지만
아들 덕분에 뒤늦게 전국 방방곡곡을 누비는 호사를 누린다.
휠체어 여행가를 꿈꾸는 아이의 든든한 조력자가 되고자 한다.
엄마의 한 걸음이 아이의 한 바퀴가 된다.
하나뿐인 지도를 그리는 아이에게,
모두에게 둥근 세상을 선물하고 싶다.

너의 지도
우리의 여행

그해 여름의 고무 튜브

여름 방학도 했겠다. 늘어지게 늦잠이나 자면 좋으련만 아침부터 집안이 어수선했다. 엄마는 부엌에서 바리바리 먹을 것을 싸고 있고 아빠는 마당에서 슉슉 소리를 내며 무언가에 바람을 넣고 있다. 더운 날 땀을 뻘뻘 흘려가며 한참을 씨름하는 까만 것은 무엇인가. 뭐지 풍선인가? 점점 커지더니 아빠 몸통보다 뚱뚱해진다. 아빠에게 물었다. "이게 뭔데?" "튜브다." "튜브가 뭔데?" "물놀이할 때 쓰는 거다." 튜브를 옆구리에 끼고 앞장선 아빠, 보따리를 주렁주렁 들고 가는 엄마, 나는 가방을 메고 동생들 손을 잡고 버스를 타러 갔다. 우리 가족은 버스 맨 뒷좌석을 몽땅 차지하고 앉았다. 읍내에 야채 팔러 가는 어른들 사이에서 튜브의 비주얼은 압도적이다. '우리 물놀이 간다!' 말하지 않아도 누구나 알 것이다. 어깨가 내내 으쓱하다. 하루에 두 번 마을에 들어오는 버스라 사람들이 금방 가득 찬다. 덜컹덜컹 시골길을 달렸다.

분명 물놀이를 하러 간다고 했는데 버스가 점점 산속으로 들어갔다. 버스의 더운 공기, 사람들의 땀 냄새, 멀미가 나고 기운이 점점 빠졌다. 버스가 낯선 마을에 멈추더니 사람들이 우르르 내렸다. 모두가 무언가에 홀린 것처럼 내리막길로 몰려갔다. 엄마 꽁무니를 따라 한참을 내려갔다. 넓은 모래밭과 끝도 없이 펼쳐진 물. 바다다. 처음 마주하는 바다였다. 그렇게 넓은 공간인데도 사람들로 버글버글했다. 해수욕장이란 곳은 그때가 처음이었다. 모래밭에 돗자리를 펴고 자리를 잡은 엄마는 앉을 새도 없이 우리 삼 남매를 수영복으로 갈아입혔다. 아빠는 쭈뼛쭈뼛 머뭇거리는 삼 남매를 한 명씩 튜브에 둘러앉히고서는 천천히 물로 들어갔다. 바다이 점점 보이지 않았다. 무서우면서도 둥실둥실 출렁이는 느낌이 신기하고 재미었다. 워낙 큰 튜브라 모르는 아이들까지 매달렸다. 한참을 어울리고 모래성도 만들면서 등 허물이 벗겨지도록 정신없이 놀았다. 튜브를 가장 알차게 활용한 사람은 아빠였다. 튜브를 끼고 이리저리 물장구도 치고, 드러누워 한참을 떠다니다 너무 멀어진 나머지 안전 요원에게 경고를 받고 다시 끌려오기도 했다. 오후 느지막이 마지못해 옷을 갈아입고 짐을 싸서 집으로 돌아가는 버스를 탔다. 아빠 옆구리에 동그란 튜브도 함께였다.

튜브는 집에 와서도 한동안은 제 형태를 가지고 있었다. 여행에 대한 추억과 아쉬움 때문인지 아빠는 바람을 빼지 않았고 우리는 의자처럼 짐볼처럼 한참을 갖고 놀았다. 돌이켜 생각해 보면 커다란 튜브는 아빠의 로망이었던 듯하다. 어쩌면 여름마다 아이들을 태우고 너른 바다를 헤엄치는 꿈을 꾸었으리라. 하지만 그때가 아빠와 함께한 처음이자 마지막 바다 여행이었다. 아빠의 건강이 나빠져서 더 이상 물놀이를 갈 수 없게 되었다. 형산강 아주 작은 줄기에서 튜브를 써먹은 적이 몇 번 있긴 하지만 그 후 10년이 지나도록 바다 근처에도 가보지 못했다. 어릴 때부터 여행할 기회가 별로 없었지만 그날 바다에서의 그 설렘만은 여전히 남아 있다. 여행이란 단어만 들어도 그때의 첫 여행이, 바닷가의 짠 내가, 까만 고무 튜브가 떠오른다. 마음이 들썩인다.

여기가 거기라고?

그때 그 해수욕장. 뒤늦게 알게 된 이름은 포항 북부 해수욕장이었다. 중학생이 되면서 살던 곳을 떠나게 되었다. 대전에서의 새로운 생활에 적응하며 어영부영 학창 시절을 보냈다. 진학과 취업 등 힘든 시기를 지날 때마다 어릴 적 추억 속에 머물다 나오곤 했다. 취업을 위해 서울로 떠날 때도, 결혼 후 천안에 자리 잡을 때도, 쉽지 않은 임신과 출산으로 위험한 고비를 넘길 때도, 간간이 우울감이 몰려올 때도 그날의 시골길과 바다를 떠올렸다. 포항 동생네에 놀러 왔을 때에도 문득 그곳이 떠올랐지만 찾아가 볼 생각까지는 하지 못하고 가까운 밤바다만 보고 돌아왔었다. 2017년 여름. 아이가 희귀 난치병 진단을 받았다. 뒤셴 근이영양증이었다. 일상이 정지되고 한 달을 무기력하게 보냈다. 도저히 숨이 쉬어지지 않았다. 어디로든 탈출하고 싶었다. 무작정 가방을 싸서 아이 손을 잡고 기차를 탔다. 떠오른

: 너의 지도 우리의 여행

곳은 한 군데뿐이었다. 포항 바다가 나에게 숨을 넣어 주지 않을까. 마음의 안정을 주지 않을까. 철없고 단순했던 시절의 나로 다시 돌아가게 되지 않을까.

그 해수욕장에 가고 싶었다. 그때로 다시 돌아가고 싶었다. 지도 검색을 하는데 다른 이름이 나온다. 영일대해수욕장? 스쳐 지나갔던 밤바다였다. 여기가 거기였어? 알고 보니 아이가 태어날 무렵 이름이 바뀌었단다. 아이와 함께 그곳을 다시 찾았다. 하지만 너무 변해 버렸다. 식당과 카페들로 가득한 여기가 예전의 거기라니. 35년 전의 평화로운 느낌은 어디에서도 찾을 수 없었다. 하지만 머릿속에서는 건물들이 사라지고 어느새 모래사장으로 향하는 내리막길이 펼쳐졌다. 과거가 되살아났다. 과거와 현재가 시야에 공존한다. 물이 무서워 아빠에게 매달려 있던 나와, 아이 손을 잡고 있는 지금의 내가 만났다. 그때와 다른 내가 되어서. 그때의 눈으로 아이와 함께 모래 슬라이드를 탔다. 욕조 물 대신 출렁이는 바다에 발을 넣어 주었다. 어린 시절 이곳에서의 추억을 아이에게 들려주었다. 다섯 살이 된 아이에게 해수욕장의 모래 놀이터는 키즈 카페 따위와는 비교도 되지 않는다. 어마어마한 모래에 신이 나고 끊임없이 밀려드는 파도에 기뻐한다. 그때의 내가 느꼈던 환희를 아이도 느낄까? 너에게 재미있고 신기한 세상만 보여 주고 싶은데. 고난과 역경은 아주 나중에, 조금만 겪게 하고 싶은데. 네가 헤쳐 나가야 할 길이 얼마나 힘들고 고단할까. 35년 전에는 몰랐다. 이렇게 다시 오게 될 줄은 정말 몰랐다.

우리의 도전과 너의 입문

근심의 바다 언저리에서 마지못해 하루하루를 살았다. 우연히 TV를 보게 되었다. 같은 희귀 난치병을 가진 아이의 가족이 한라산에 올랐다. 대단하다. 어떻게 저런 생각을 했을까? 어쩌면 나도 할 수 있지 않을까? 그 순간 8살 때의 두근거림이 다시 밀려들었다. 아이에게 탁 트인 전망을 보여 주고 싶은 마음. 더 넓은 바다를 보여 주고 싶다는 마음. 아픈 아이와 가기에 위험하지 않으면서도 작은 소망을 실현시킬 수 있는 곳은 없을까? 사회 초년생 때 연구실 식구들과 올랐던 성산일출봉이 떠올랐다. 해볼 만한 도전이라 믿었다. 항공편을 끊고 숙소를 예약하고 차를 렌트하고 유모차와 카시트를 대여했다. 아이가 힘들지 않게 일정을 짜고 만반의 준비를 마쳤다. 아이는 씩씩하게 오르막을 올랐다. 스스로 움직이고 싶어 하는 아이를 말리고 부축하며 계단을 올랐다. 후반부에는 계속 업고 올라갔지만 힘들지 않았다. 잦은 휴식 덕분인지 마음의 준비를 단단히 한 탓인지 전혀 무겁지 않았다. 아이의 반응은 기대 이상이었다. 다섯 살이 되도록 말이 나오지 않던 아이였지만 감정을 표현하지 못하는 건 아니었다. 소리로, 표정으로, 몸으로 발을 동동 구르며 기쁨을 표현하고 바람을 즐기고 바다를 누볐다.

제주도에서 돌아오는 비행기 안, 아이의 손에는 지도가 들려 있었다. 펼치면 4절지 크기가 되는 제주 여행지가 그려진 지도였다. 집에 돌아오자마자 벽에 지도를 붙여 달라고 졸랐다. 아이는 눈높이에 펼쳐진 지도 구석구석을 손가락으로 찍었다. 어서 읊으라는 이야기다. 우리가 다녀온 관광지,

: 너의 지도 우리의 여행

함께 올랐던 성산일출봉, 우리가 묵었던 숙소 위치를 일일이 설명해 주었다. 이때부터였다. 지도 탐색의 시작은. 다음날도, 그다음 날도 지도를 모두 외워 버릴 기세였다.

문짝만 한 지도

아이 방 벽이 지도로 도배되기 시작했다. 제주도에서 지역별 안내 지도로, 대한민국 지도에서 세계 지도로, 벽면이 채워질수록 아이의 세계는 확장되었다. 아이의 지도 사랑은 우리의 여행이 되었다. 차 트렁크에는 각종 튜브, 구명조끼, 에어 소파, 캠핑 의자, 원터치 텐트가 들어차기 시작했다. 여러 해 동안 열심히 돌아다녔다. 시티투어 버스를 타고 뱅글뱅글 다리를 건너서 갔던 부산 해운대, 해운대역에서 기차를 타고 갔던 경주, 포항 영일대해수욕장도 물론 빼먹을 수 없었다. 태안, 서산, 당진, 예산, 평택, 춘천, 거제, 통영, 순천, 강릉, 일산, 파주, 청주. 쉴 새 없이 떠났고 서해와 제주 여행은 연례행사가 되었다. 그렇게 4년이 금방 지나갔다. 아이가 발목을 다치면서 보행이 어려워졌다. 휠체어 하나로 트렁크는 꽉 차 버렸다. 내 마음의 여유 역시 사라져 버렸다. 여행은 중단되었다. 엄마와 함께 여행하기를 좋아하고 지도 수집을 사랑하던 아이의 마음은 겨울에서 빠져나오지 못했다.

이동이 어려워지자 아이는 지도에 집착하기 시작했다. 디지털 기기마다 지도 앱은 필수였고 365일 24시간 내비게이션이 켜져 있어야 했다. 배터리라도 닿는 날에는 난리가 났다. 눈 건강이 걱정되어 이용 시간을 줄여 보려 했지만 아직 현실을 받아들이기 어려운 아이에게 자세한 설명도 진심 어린 설득도 소용없었다. 내비게이션이 없던 시절, 차에 넣고 다니던 지도책이 생각났지만 막상 구하려니 찾을 수 없었고, 디지털 지도처럼 확대가 어려운 부분을 지도책이 충족시킬 수가 없었다. 눈에 변화가 생긴 것은 한 달이 지난 후였다. 작은 화면을 오래 보면서 안구를 잡아 주는 근육에 문제가 생겨서인지 외사시 증상이 나타나기 시작한 것이다. 디지털 기기를 중단할 수밖에 없었다. 난리가 났다. "지도 주세요, 지도." 아이의 지도에 대한 집착이 극에 달했다.

   도서관에서 지도책을 찾아 헤맸지만 역시나 원하는 책이 없어 아이와 실망하고 있는데 평소 친하게 지내던 사서 선생님이 아이디어를 주셨다. "부동산 사무실에 가 보면 큰 지도 있잖아요. 그런 건 어때요?" 눈이 번쩍 뜨였다. 왜 그 생각을 못 했을까. 드디어 찾았다. 인터넷으로 찾아보니 공인중개사 사무실용으로 제작하는 지도가 있었다. 우리가 사는 천안시 지도는 물론 아산시 지도와 전국 고속도로, 수도권 지하철 노선도까지 주문했다. '2035년 도시 개발 계획도'가 온 날, 아이는 바닥에 지도를 깔고 드러누웠다. 여기로 굴러도 지도, 저기로 굴러도 지도. 누워서 TV를 보다가도 다시 엎드려 지도를 보았다. 터치로 확대해서 볼 필요가 없었다. 우리 집, 할머니 집, 다니는 학교, 복지관, 알 만한 곳은 지도에 다 표시되어 있었다. 이제 이걸 어디에 두어야 하나. 모두 펼치면 문짝보다 컸다.

: 너의 지도 우리의 여행

한참을 고민하고 있는데 아이가 창 쪽을 가리켰다. 선택의 여지가 없었다. 광합성은 포기였다. 거실 통창에 지도를 붙였다. 지도 앞 의자에 앉히니 30분이고 1시간이고 창문 앞을 떠나지 않았다. 높은 곳은 안고 업어 올려 보여 주었다. 그렇게 좋은가. 며칠을 탐색하더니 손가락으로 드라이브를 시작했다. "엄마, 우리가 저번에 갔던 데가 여기야?" "응, 맞아. 대단하네. 어떻게 알았어?" "응, 차 타고 가면서 지도 보고 공부했지." 다시 또 질문. "여기가 거기 맞아?" "응, 맞아." 며칠 동안 질문 공세에 시달렸는데 이번엔 갑자기 펜을 찾는다. 펜이 길을 따라 나간다. 길 끝에 동그라미를 그리더니 다시 나를 부른다. "엄마, 오늘 여기 가 보자." "거기가 어딘데?" "ㅇㅇ 교차로." 덥석 물면 안 될 것 같았다. "응, 아빠가 데려다준대." 난 이 정도면 되었다. 아빠한테 바통을 넘겼다. "아빠~." 펜을 들고 목적지와 경로를 정하고 통보하면, 아빠와의 드라이브가 시작된다. 두 사람의 뒷모습에 조용히 손을 흔들며 내적 쾌재를 부른다. '야호~.'

"엄마는 장거리 담당할게." 떠넘긴 미안함에 뱉었지만, 그 말을 하면 안 되는 거였다. 잠시 잊고 있었다. 근거리 드라이브를 충분히 즐긴 아이는 추가 구매 요청을 한다. "세종시 지도 사줘." 일주일 후 다시 "청주시 지도 사줘." 그다음엔 당진, 서산, 예산 등. 끊이질 않았다. 그 큰 지도를 사서 또 어디에다 둔단 말인가. 두어 달을 추가 구매 독촉에 시달렸지만 굳건히 버텼다. 그러던 어느 날, 삐뚤삐뚤 글씨가 쓰인 메모를 들고 온다. 도시 이름과 날짜가 가득 쓰여 있었다. 놀라서 입이 쩍 벌어졌다. 제목은 '여름 여행

계획표'. 아직 5월인데, 내용은 더 무시무시하다. '7/23 부산 ← 천안, 8/1 경주 ← 천안, 8/17 청주 ← 천안, 8/26 ~ 9/1 기차 여행 강릉 ↔ 천안(체험 학습)' 심지어 이제 막 청주 여행 극기 훈련을 마치고 온 참이다. 아직 짐도 풀기 전인데, 그것도 최소 2박에서 일주일. 방학의 대부분을 떠나 있겠다는 소리다. "엄마 살려 줘. 엄마 허리 아픈데." 아이는 단호했다. "안 돼. 가야 해." 현실적으로 두 곳 이상은 어려울 것 같아 며칠을 설득했다. 둘보다는 넷이, 여섯이 더 재미있으니, 친구들과 가까운 곳으로 물놀이 가자고. 가을에는 비행기 타고 제주도에 가자고. 겨우 협상에 성공했다. 휠체어를 탄 이후로 제주도에 가본 적이 없어 마음을 바꾼 듯하다. 다행이다.

무장애 여행

11월 가을. 약속했던 제주 여행. 둘 다 체력적으로 힘들지 않기 위해 휠체어 제한이 전혀 없는 숙소를 예약하고 동선을 짰다. 문제는 비행기 탑승이었다. 미리 알아보긴 했으나 시간은 촉박했고 과정은 복잡했다. 영상에서 보던 편리하고 여유로운 모습은 현실에는 없었다. 청주공항은 대부분 브리지로 연결이 되어 있는데 그날따라 게이트 변경으로 브리지 연결이 되지 않았다. 약자 우선 탑승이라 들었는데 승무원은 황당한 말을 했다. 우선 탑승과 마지막 탑승 중 선택을 하라고 했다. 당연한 걸 물으니 당황스러웠지만 우선 탑승하겠다고 답했다. 조금 후에 다시 물어왔다. 승무원들이랑 마지막에 타는 게 낫지 않겠냐고 설득을 했다. 그래도 우선 탑승하겠다고 했지만 두어 번을 또 물어왔다. 우리로 인해 늦어지면 다른 승객들이 항의를 한다는 황당한 이유였다. 울며 겨자 먹기로 마지막에 탈 수밖에 없었다. 모든 승객이 탑승을 마친 후에야 아이를 업고 계단을 오를 수 있었다. 사람들이 빼곡히 들어찬 좁은 통로를 지나며 모두의 시선을 한 몸에 받았다. 업힌 아이의 다리가 사람들을 치지 않도록 잔뜩 움츠려 걸어서 내 자리가 아닌 빈 곳에 앉았다. 자리 변경을 요청할 기력도 없었다. 너무 화가 났지만 나의 준비 부족을 탓하며 받아들일 수밖에 없었다. 이미 너무 지쳐 버려서 따질 힘조차 남아 있지 않았다.

벌써부터 돌아올 길이 걱정이었지만 아이에게 우울함을 전하고 싶지 않았다. 기쁜 추억만 선물해 주고 싶었다. 숙소에서 제약 없이 지내며 제주를 여유롭게 만끽했다. 11월인데도 날씨가 따뜻했다. 숙소 옆 해수욕장에서 입수도 하고 제주민속촌 산책도 즐기고, 숙소에 돌아와서는 휠체어로 수영장도 맘껏 드나들며 피로를 풀었다. 아이가 원하는 드라이브도 실컷 하면서 제주 바람에 불쾌함을 씻어냈다. 혹시 몰라 집으로 돌아오는 날 아침에는 일찍 공항으로 향했다. 다행히 브리지 연결이 된단다. 업지 않는 게 어딘가. 게다가 승무원이 기내에서 탈 수 있는 휠체어가 있다고 하는 게 아닌가! 기내 휠체어? 너무 반가워 표정 관리가 되지 않았다. 있으면 타 봐야지. 어쩐지 호강하는 기분이었지만 어쩌면 당연한 일이었다.

그때의 불쾌한 경험이 처음이자 마지막이길 바랐다. 아이가 맞이하는 열한 번째 여름의 끝 무렵, 한국관광공사가 지원하는 장애인 단체 여행에 참가하게 되었다. 그때 무장애 여행사란 곳을 처음 알게 되었다. 여행사 홍보 자료를 찾아보니 휠체어 단체 여행이란 것도 있었다. 아이도 편하고 엄마도 힘들지 않은 여행이라니! 아이와 가본 적 없는 제주의 다른 곳을 다녀보고 싶다는 생각에 덜컥 신청해 버렸다. 모르는 사람들과 단체로 여행하는 것이 아이에게는 쉽지 않았을 테지만 엄마와 함께하니 괜찮다며 안심시켰다. 다시 11월, 타고 내리는 순간까지 모든 것이 순조로웠다. 여행사 이용의 편리함이 이런 것이었다. 처음 타보는 리프트 카에 이것도 드라이브라고 아이는 신이 났다. 공항 주차장에 집결했을 때 휠체어 리프트 버스를 처음 보았다. 이번에도 업지 않아도 되었다. 휠체어에 탄 채로 리프트를 타고 버스에 올랐다.

너무 편해서 오히려 당황스러웠다. 휠체어를 버스에 고정하고 처음 보는 사람들과 인사를 나눴다. 아이는 전부 어른들이라 처음에는 긴장했지만 같이 휠체어를 타는 사람들 사이에서 금세 익숙함을 느끼고 친해졌다. 장애인 당사자들의 유대, 보호자들의 유대감에 어색함은 금방 사라졌다. 함께 체험하고 배를 타고 공연을 보고 맛있는 식사를 하며 사흘을 꿈처럼 보냈다. 운 좋게도 휠체어 여행 전문 작가도 함께 참여했기에 여행 경험과 노하우 등 많은 정보도 얻을 수 있었다. 유람선 탑승은 혼자서는 엄두도 내지 못했으리라. 휠체어 드라이브, 귤 따기 체험, 예약이 쉽지 않다던 해녀의 부엌 공연 관람과 만찬. 군소 요리에 뿔소라 샐러드, 전복과 갈치회까지. 아이의 식욕이 폭발했다. "엄마 먹지 마. 내가 다 먹을 거야!" 그때 우리가 맛본 것은 음식이 아니라 행복이리라.

우리는 다 계획이 있어

　필요한 보조기기가 점점 많아져서 보조기기 센터를 자주 이용하는 아이에게 중앙보조기기센터의 인터뷰 기회가 생겼다. 보조기기 체험 및 활용 경험 등 여러 질문이 있었다. 여행을 많이 다녔다는 대답에 여행 경험에 대한 추가 질문이 있었고, 이야기가 술술 나왔다. "엄마한테 업혀 산에도 올라가 보고 케이블카도 타고 출렁다리도 건넌 적 있어요. 또 마라톤도 하러 가고 파도 앞까지 휠체어 타고 가본 적도 있고…." 기억을 다 하는구나. 내가 구른 보람이 있었다. 마지막 질문은 '장래 하고 싶은 일이나 꿈'이었다. 매번 물어볼 때마다 "잘 모르겠어." "나는 혼자 할 수 없어." 그렇게 대답해왔었다. 어떻게 대답을 유도해야 할지 잠시 먹먹해졌다. 잠시의 침묵을 깨는 아이의 거리낌 없는 대답. "장애인 여행 안내해 주는 사람이요. 휠체어 타거나 여행하기 힘든 사람들이랑 같이 여행하면서 안내하고 설명해 주는 일을 하고 싶어요. 아주 많이 다녀보고 해외여행도 가볼 거예요." 막힘없는 자연스러운 대답에 놀라고 아이의 생각에 다시 놀랐다. 최근 다녀온 무장애 여행의 경험이 컸으리라. 다시 바뀌지 않는다는 보장은 없지만 아이에게 꿈이 생겼다는 것만으로도 기특했고 자신의 생각을 제대로 표현하는 모습이 대견했다. 항상 부모에게 일방적 도움을 받았으니 언제까지고 의지만 하고 있을 거라 생각했지만 아이는 그사이 자라나 있었다. 아니, 어느 순간부턴가 내가 아이에게 의지하고 있었다.

　운전하다 길을 잘못 들어 투덜대기라도 하면 아이가 한마디 보탠다. "에잇, 여기서 빠져나가야 했는데 못 나갔네." "괜찮아. 여기 말고 다음이야. 더 가도 괜찮아." 나는 방향을 잃을 때마다 지도 전문가에게 도움을 청한다. "앗, 여기서 어느 길로 가야 돼?" "여기 말고. 아니 더 가서 오른쪽이라고!" 오늘도 아이는 지도 열공모드다. "그래서 엄마. 언제 떠날 건데?" 아이의 하명에 나는 또 검색을 시작한다. 예약을 하고 짐을 싼다. 해외여행의 특명에 따라 여권도 다시 만들어야 한다. 1년 치 계획표를 짜고 있지만 언제 다시 무시무시한 계획표를 들이밀까 두렵다. "엄마, 지도 열어야지. 출발해!" 엄마가 잘 따라가 볼게. 너의 지도를, 너의 여행을, 너의 꿈을 응원할게. 알록달록 너의 지도가 모두 기쁨으로 채워지는 그날까지.

: 너의 지도 우리의 여행

> 덧질부록

무장애 여행 정보 제공 사이트

1. 열린 관광 모두의 여행

한국관광공사가 운영하며 장애인, 고령자, 영유아 동반 가족 등을 위해 추천 여행 코스 및 무장애 관광 정보를 제공한다. 여행지, 숙박, 음식점 등 7,500건 이상의 데이터 검색이 가능하며, 장애 유형별 맞춤 콘텐츠도 포함되어 있다.
access.visitkorea.or.kr

2. 지역별 무장애 관광코스 정보 제공 웹사이트

서울 : 무장애 관광 코스 dobo.visitseoul.net

　　　서울 다누림 관광 www.seouldanurim.net

대구 : 무장애로 즐기는 대구 관광 wheeltour.or.kr

제주 : 제주 무장애 관광 '같이가치 제주 여행' www.visitjeju.net

3. 관광 약자 여행 지원 기관 및 무장애 여행사

초록여행 : 기아자동차와 그린라이트가 운영하며, 휠체어 탑승 가능 차량 대여 및 여행 경비 지원 서비스 제공 www.greentrip.kr (1670-4943)

한국 접근 가능한 관광 네트워크 : 무장애 관광 정보, 보장구 대여, 차량 등 관광 취약 계층의 여행을 지원하는 기관 www.knat2016.co.kr (02-3665-8356)

두리함께 여행사 : 무장애 여행 전문 기업. 맞춤형 여행 설계, 접근 가능한 교통, 숙박 예약, 보조기기 대여 등 다양한 서비스 제공. 국내 및 해외여행. 여행 지원사 서비스 지원(유료) www.jejudoori.com (064-742-0078)

4. 휠체어 여행 참고 도서

『아름다운 우리나라 전국 무장애 여행지 39』, 전윤선, 나무발전소, 2023.
: 휠체어 이용 당사자가 국내 무장애 여행지 39곳을 직접 확인해 지역별로 상세히 소개한 책

에필로그

그래도 숨 쉴 틈 하나쯤은

엄마에게 텐동을 먹으러 가자고 했습니다. 그게 뭐냐, 왜 이리 먼 거냐, 투덜대셨지만 막상 음식이 나오니 사진도 찍으시고 새우튀김도 맛있다고 하셨습니다. 오늘 엄마 운동시키기 미션도, 새로운 맛 보여드리기도 성공입니다. 주말마다 엄마와 외식을 합니다. 메뉴는 대체로 비슷합니다. 동네 중국집에서 짜장면을 먹거나 칼국수를 먹거나. 매번 같은 것을 먹는 것도 즐거운 일입니다만 가끔 새로운 것을 맛볼 필요가 있겠지요. 삶에 있어 덕질이 그러한 역할을 하지 않을까요. 그들의 이야기 속에서 당신이 한때 빠져 있던 것을 떠올렸길 바랍니다. 당신이 미쳐 있었던 그 시절이나 당신을 설레게 만들었던 이름을 떠올렸길 바랍니다. 새로운 것을 맛보겠다고 마음먹었길 기대합니다. 더 이상 나를 위한 즐거움을 미루지 않겠다고 다짐하셨길 소망합니다.

도전을 쓸데없다 말하는 사람만 잘라내도 꿈에 가까워집니다. 아픔을 아무것도 아니라 말하는 사람만 쫓아내도 행복에 가까워집니다. 자기 말만

하거나 뒷담화만 늘어놓는 사람만 끊어내도 삶은 평화를 되찾습니다. 말은 그저 바람일 뿐이고 연꽃은 진흙탕에서도 피어나는 법이지만 나의 연못에 쓰레기를 던지도록 내버려둘 필요는 없습니다. 뒤틀린 관계들을 잘라내면 새로운 세상이 열립니다. 무엇보다 중요한 것은 나와의 관계를 재정립하는 일입니다. 있는 그대로의 나를 인정하되, 버리고 싶은 나에게 대답하지 않고, 내가 바라는 나에게 말을 거는 일입니다. 사소한 시작으로 충분합니다. 나에게 빛을 비추어 주세요. 당신의 덕질을 시작하세요. 하나가 다른 하나를 바꾸고, 다른 하나가 또 다른 변화로 이어질 겁니다.

  이야기를 '숲'으로 연 까닭은 당신의 숲에 꽃을 피우기를 바라는 마음이며 이야기를 '지도'로 맺은 것은 당신의 매일이 여행이길 기원하는 마음입니다. 너른 숲도 풀씨 하나에서 비롯하는 법이죠. 사소해도 좋으니 새로운 것을 접하는 즐거움을 잃지 맙시다. 찬란했던 청춘은 다시 오지 않을지도 모릅니다. 하지만 여전히 우리에겐 기쁨을 찾을 눈과 즐거움을 누릴 시간이 남아 있습니다. 오늘을 설레게 만들 일을 찾읍시다. 타인의 시선이나 사회적 체면 따윈 개의치 말고 생을 소풍으로 만듭시다. 새로운 나를 찾는 여정을 시작합시다. 나를 즐겁게 만들 일을 시작합시다. 적어도 숨 쉴 틈 하나는 남겨둡시다. 잠시 머물다 가는 인생. 나를 위한 장면을 만들어 봅시다.

오늘도 덕분에 숨을 쉽니다